Christine Siebert
PARIS UND DAS KINO

Christine Siebert

PARIS UND DAS KINO

Die Seele einer Stadt
in cineastischen Spaziergängen

Henschel

Inhalt

9 **Paris. Eine fabelhafte Welt zwischen Tempo und *poésie pure*.**
Ein Vorwort

15 **Méliès' Zauberwelt und die Geburt des Kinos.**
Das Opernviertel: Galerien und Passagen

27 **Der Tag und die Nacht.**
Les Grands Boulevards – Pariser Kinogeschichte

39 **Bunt, sinnlich, multikulti.**
Das Hallenviertel

47 **Falsche Rabbis und Gangster-Weihnachtsmänner.**
Falafel-Bällchen im Quartier Marais

55 **Selbstmord und Liebe.**
Das Viertel um Notre-Dame und Pont Neuf

63 **Paris kann nicht zerstört werden.**
Ein Museum unter freiem Himmel: Louvre, Palais Royal,
Jardin des Tuileries, Place de la Concorde, Assemblée Nationale

75 **Eine Amerikanerin in Paris.**
Die Nouvelle Vague und die Jazzclubs von Saint-Germain-des-Prés

83 **Museen und Musen, Rodin und Romy.**
Zwischen Saint-Germain-des-Prés und Quartier Latin

97 **Die Verheißungen der Stadt vom Wasser aus.**
Am Canal Saint-Martin

105 **Im Pariser Untergrund.**
Die falsche und die echte Metro

115 **Ein Dorf in Paris.**
Belleville und der Friedhof Père Lachaise

125 **Liebe, Chocolat und Amélie.**
Montmartre und Sacré-Coeur

131 **Rotlicht und Rummel.**
Das Moulin Rouge und Pigalle

141 **Kreisen um die Macht.**
Arc de Triomphe und Place de l'Étoile

149 **Glanz, Glamour und Tempo.**
Les Champs: Die Avenue des Champs-Élysées

159 **Die Schönen und die Reichen.**
Das 16. Arrondissement: der schicke Pariser Westen

169 **Eiserne Dame mit Herz: Technikwahn und große Liebe.**
Der Eiffelturm

177 **Prügelnde Intellektuelle und die Herzlichkeit des kleinen Mannes.**
Vom Jardin du Luxembourg bis zur Rue Mouffetard:
der untere Teil des Quartier Latin

185 **Außer Atem: Kunst, Philosophie und Film.**
Montparnasse

193 **Die Sonne über den Neubauten.**
Les Olympiades und Chinatown, die Banlieues
und die Stadt der Zukunft

203 **Bewegte Geschichte und aufregende Zukunft.**
Ein Besuch der Cinémathèque française

209 Anhang

Paris c'est une blonde
Qui plaît à tout le monde
[...]
Tous ceux qui la connaissent
Grisés par ses caresses
S'en vont mais reviennent toujours
Paris à tes amours!
Ça, c'est Paris! Ça, c'est Paris!

[Paris ist eine Blonde
Die allen gefällt
[...]
Alle, die Paris kennen
Sind von ihren Umarmungen trunken
Sie gehen fort, aber kommen immer zurück
Paris, auf deine Liebe!
Das ist Paris! Das ist Paris!]

– Aus ... und jeder sucht sein Kätzchen, Cédric Klapisch (1996)

[In Paris zu drehen] war mehr als eine Hommage, es war eine Pilgerreise zu einem für mich heiligen Ort: in die Stadt des Films.
 – *Martin Scorsese*

Dass es Paris gibt und sich jemand entscheiden könnte, irgendwo anders auf der Welt zu leben, wird mir immer ein Rätsel bleiben.
 – *Adriana in Midnight in Paris, Woody Allen (2011)*

Das Kino, das ist vierungszwanzig Mal die Wahrheit pro Sekunde.
 – *Jean-Luc Godard*

Das Cinéma en Relief (3D-Kino) nach dem Verfahren von Louis Lumière im Imperial Pathé, 1938

Paris.
Eine fabelhafte Welt zwischen Tempo und *poésie pure*
Ein Vorwort

James Bond klettert während einer wilden Verfolgungsjagd auf den Eiffelturm, Gene Kelly und Leslie Caron tanzen an der Seine. Unweit davon spaziert Amélie vorbei an bunten Pariser Marktständen voller Bonbons und Früchten in warmen Farben, bevor sie sich wieder in die stimmungsvolle Routine des Café des Deux Moulins begibt, sich heimlich nach Nino sehnend ...

Die bezaubernde Amélie Poulain kennt heute jeder, der Streifen von Jean-Pierre Jeunet ist ein Publikumsrenner. Dieser Film und viele andere sind aber nicht nur gut erzählte und einzigartig gefilmte Geschichten, sondern auch eine Hommage an die Stadt: Paris ist darin genauso Protagonistin wie die Hauptfiguren selbst. Mit dem Montmartre, mit der *poésie pure* am Kanal, mit dem chaotischen Treiben auf den Märkten in *la Mouffe*, mit dem farbenfrohen Quartier Marais gibt es eine ganz eigene, „fabelhafte Welt" zu entdecken.

Die kann auch Tempo haben: Und das kommt mit der sogenannten Nouvelle Vague auf die Leinwand. Zu dieser Stilrichtung des französischen Kinos, die in den Fünfzigerjahren geboren wird, gehört *Außer Atem* – ein Film, den Jean-Luc Godard 1959 direkt auf den Straßen von Paris dreht anstatt im Studio: auf den Champs-Élysées, dem Place de la Concorde, auf dem Boulevard du Montparnasse, im Quartier Latin und im Louvre-Viertel. Zu Jazzklängen von Martial Solal scheint sich nicht nur die Kamera, sondern die Stadt selbst zu bewegen, in strahlender Sommersonne oder nachts als Lichterstadt.

Anfang der Sechzigerjahre entsteht dann das Cinéma Vérité („Wahrheitskino"): Die Dokumentarfilme *Chronique d'un été* („Chronik eines Sommers") sowie *Le Joli Mai* („Der schöne Mai") stellen die Frage, ob ein Film tatsächlich die Wirklichkeit einfangen, die Wahrheit speichern kann. Die Filmteams können nun mit Handkameras durch Paris spazieren, um auf ihrem Weg alles und alle zu filmen. Und sie ermöglichen einen völlig neuen Blick auf die Stadt: Die eigentümlichen Pariser Dächer mit den bizarren Schornsteinen aus allen Perspektiven sind ebenso beliebte Motive wie die vielen Kuppeln und der Eiffelturm als Schatten über der Brücke Pont d'Iéna.

Die Stadt kann als Unendlichkeit geometrischer Muster erscheinen (so in den ersten Szenen von *Le Joli Mai*), doch ihre Einwohner sind mehr als Statisten auf der Metrotreppe, vor antiquierten Kinderkarussells oder im Dachzimmer zu Beginn von *Chronique d'un été*. Die beiden Filme spiegeln auch die Gedanken und Gefühle der Pariser wider. So geht es in *Le Joli Mai* um den Algerienkrieg, der gerade beendet worden ist, Frankreich wacht aus einem Trauma auf. „Woran denken die Pariser in diesem ersten Monat des Friedens?", fragt Yves Montand als Erzähler aus dem Off.

Doch obwohl die Kameras handlicher und leistungsfähiger werden, ist die Frage, was Wirklichkeit ist und ob sie sich tatsächlich filmen lässt, noch immer nicht geklärt. Angefangen hat allerdings alles mit riesigen, starren Apparaturen. Die Brüder Auguste und Louis Lumière erfinden Ende des 19. Jahrhunderts den Kinematographen: ein sperriges Gerät, mit dem sie am 28. Dezember 1895 im Grand Café am Boulevard des Capucines in Paris für einen gründlichen Schock sorgen: Einer ihrer ersten Kurzfilme, *Die Ankunft eines Zuges auf dem Bahnhof in La Ciotat*, lässt die

Zuschauer angsterfüllt aufspringen, es ist ihnen, als würde der Zug direkt auf sie zu und in das Café hineinfahren.

In diesem ersten Publikum sitzt auch Zauberkünstler Georges Méliès. Er ist vom Kinematographen sofort begeistert und will ihn kaufen. Doch Antoine Lumière, der Vater der beiden Brüder, lehnt ab. Der Apparat sei nur eine wissenschaftliche Kuriosität, sagt er. Er habe überhaupt keine kommerzielle Zukunft.

Bevor der Film also zu einem der umsatzstärksten Geschäfte heranwächst und Multiplex-Kinos vor allem in den Pariser Vorstädten aus dem Boden schießen, ist noch einiges an Starrsinn und Durchhaltevermögen nötig. Méliès gibt nicht auf. Er fertigt seine eigene Kamera an und gründet die Produktionsfirma Star Film. Erste Kreationen, Alltagsszenen und Zauberkunststücke zeigt er in seinem Pariser Theater, dem Théâtre Robert-Houdin auf dem Boulevard des Italiens. Bald darauf richtet er sich ein Filmstudio im Pariser Vorort Montreuil ein, auf dem Grundstück seines Vaters. Dieses Studio gibt es nicht mehr, aber den Ort kann man noch besichtigen: Der anarchistische Regisseur und Autor Armand Gatti gründet hier 1986 die alternative Kultur-, Schreib-, Theater- und Kinofabrik La Parole errante. Heute setzt sich ein Künstlerkollektiv dafür ein, dass das Experimentieren weitergehen kann und die mythische Stätte nicht einem Einkaufszentrum weichen muss.

Vielleicht ist es das, was die Filmemacher aus aller Welt anzieht: Die Stadt widersteht der kommerziellen Gleichmacherei. Auch moderne Designshops und Bioläden können nichts daran ändern, dass es in vielen Stadtteilen immer noch so aussieht und sich so anfühlt wie vor Jahrzehnten oder gar einem Jahrhundert. Die Sepiafärbung des alten Paris kommt immer wieder hinter dem Lack des Fortschritts zum Vorschein.

Paris und seine *atmosphère*, seine Seele, die allem standhält: Wahrscheinlich dreht deshalb ein nostalgischer Woody Allen Filme wie *Midnight in Paris* und befördert seinen Protagonisten Gil

Pender kurzerhand per Oldtimer in das Paris der Zwanzigerjahre. Dort feiert er mit Surrealisten und Dadaisten wilde Partys, fährt mit der Kutsche direkt in das Moulin Rouge der Belle Époque und begegnet Toulouse-Lautrec, Gauguin und Degas.

Die Traumvergangenheit als Ersatz für das nüchterne Heute? Aber auch das muss nicht sein, diese Langeweile nach dem Kinobesuch, also dem Aufwachen aus einem (eigenen oder gefilmten) Traum: „Was für große Heimwege habe ich nach diesem und jenem Film erlebt, was für wunderbare Heimwege!", soll zum Beispiel Autor Peter Handke gerufen haben, der viele Jahre in Paris gelebt hat.

Auf diesen „wunderbaren Wegen" soll dieses Buch begleiten und die Augen öffnen für die magischen (Film-)Geschichten im Paris von Hier und Heute. Wir sind unterwegs mit den Pionieren, den Brüdern Lumière und Georges Méliès, und dürfen ihre Filme im größten Kinomuseum der Welt, der Cinémathèque française, bewundern. Wir besuchen die Drehorte des Scorsese-Blockbusters *Hugo Cabret*, der den gealterten Georges Méliès selbst auf die Leinwand bringt – mit Spezialeffekten, die den Zauberkünstler begeistert hätten. Und wir dürfen mit Amélie Poulain träumen, deren Spuren auch zwanzig Jahre später noch frisch sind.

Wir entdecken die Seele des Kinos selbst: zum Beispiel in alten, prächtigen Lichtspielhäusern wie dem 1932 eingeweihten Le Grand Rex oder im Cinéma du Panthéon, in dem schon Jean-Paul Sartre ein- und ausging. Aber auch neue Kinos können wundervoll sein. Meine Lieblingsorte sind das MK2 Quai de Seine und das direkt gegenüberliegende Quai de Loire am Bassin de la Villette. Wenn ich dort – wie früher Peter Handke – noch ganz bewegt, verträumt oder benommen aus der Filmvorführung komme, spiegeln sich die roten, blauen und grünen Lichter der beiden Kinos im Wasser. Eine Barke bringt die Kinobesucher von einem Ufer zum anderen.

Bis heute gehen Pariser in ihre Filmpaläste, als besuchten sie eine Oper. Filme sind Kunst, aber sie sind auch Teil des Lebens. Und keine Stadt in Europa hat so viele Kinos wie Paris. Eine Qual der Wahl hat man, will man sich zwischen geschichtsträchtigen kleinen Programmkinos und den großen ultramodernen Multiplex-Kinos entscheiden.

Unzählige Kultfilme eignen sich zum Nachspazieren und ermöglichen eine Neuentdeckung der Stadt an der Seine: Egal ob Louvre, Montmartre, Jardin du Luxembourg oder das Musée Rodin, egal ob das Nobelrestaurant Le Grand Véfour in einer Galerie des Palais Royal, die Kirche Saint-Étienne-du-Mont beim Panthéon oder einfach der Buchladen Shakespeare and Company: Paris hat eine cineastische Seele. Licht aus, Film an!

Ein Werbeplakat für den Kinematographen der Brüder Lumière, um 1895

Méliès' Zauberwelt und die Geburt des Kinos
Das Opernviertel: Galerien und Passagen

Eine Lokomotive kommt näher und näher. Die Zuschauer sitzen gebannt auf ihren Stühlen, dann springen sie entsetzt auf ... Wir sind mitten in Paris, es ist der 28. Dezember 1895, ein kalter Wintertag. Die Geburtsstunde des Kinos. An diesem Tag trifft der Zauberer Georges Méliès auf die Technik-Genies der Familie Lumière: Im Le Grand Café am Boulevard des Capucines bei der Opéra Garnier wird zum ersten Mal öffentlich ein Film gezeigt, *Die Ankunft eines Zuges auf dem Bahnhof in La Ciotat*. Eine alte Einladungskarte ist erhalten, auf dieser steht in verschnörkelter Schrift: „Der Kinematograph Lumière: Dieser von Auguste und Louis Lumière erfundene Apparat ermöglicht es, mittels Serien von Momentaufnahmen alle Bewegungen, die in einer gewissen Zeitspanne vor dem Objektiv aufeinandergefolgt sind, aufzunehmen und sie danach zu reproduzieren, indem sie in Echtgröße vor einem ganzen Saal auf eine Leinwand projiziert werden." Das klingt etwas mühsam und technisch, lockt aber an diesem Wintertag wenige Jahre vor dem Ausgang des Jahrhunderts ein großes Publikum an, das fasziniert auf eine Leinwand schaut. Darunter ist auch ein Zauberkünstler und Theaterdirektor: der damals 34-jährige Georges Méliès, der zum Erfinder des Spielfilms werden wird. Regisseure aus der ganzen Welt berufen sich heute auf sein Genie, seine Spezialeffekte, seine phantastischen Filmgeschichten.

Auf der Einladungskarte von damals steht eine Adresse: 14 Boulevard des Capucines. Dort, wo heute eine Deko-Boutique Kissen, Zierdecken, Geschirr und Accessoires für schöneres Wohnen verkauft, erinnert nur noch eine diskrete, in die Mauer gravierte Inschrift an das historische Ereignis: „Hier fanden am 28. Dezember 1895 die ersten öffentlichen Projektionen bewegter Fotografie statt, mit Hilfe des Kinematographen, einem von den Brüdern Lumière erfundenen Apparat."

Andere Quellen behaupten wiederum, es gebe jenes legendäre Café noch heute, es heiße inzwischen Grand Café Capucines. Doch das befinde sich nicht hier, sondern etwas weiter die Straße hinauf, in 4 Boulevard des Capucines.

Mysteriös! Aber das passt zu Méliès und seinen Zaubertricks, die er später auch gefilmt hat: Frauen verschwinden hinter Tüchern und in Kisten und tauchen anderswo wieder auf. Das berühmte Café wurde womöglich ein Stück den Boulevard ‚hochgezaubert'.

Ich gehe in Richtung der Opéra Garnier, vorbei an Luxusjuwelieren, und versuche mir vorzustellen, wie Méliès hier entlangspazierte. Ich komme an prunkvollen Gebäuden vorbei, darunter einem wunderschönen Jugendstilhaus, 29 Boulevard des Capucines, das genauso prächtig aussieht wie das Café de la Paix schräg gegenüber. An der Straßenecke hat ein Schmuckverkäufer einen Stand aufgestellt, und er trägt, warum auch immer, einen Zauberhut – als wüsste er, dass ich auf der Suche nach einem Zauberer bin.

An der nächsten Straßenecke taucht die Opéra Garnier auf, mit dem glänzenden Kupferdach und den goldenen Engeln darauf. In ihr treibt *Das Phantom der Oper* sein Unwesen. Sowohl im Musical von Andrew Lloyd Webber (1986) als auch im schaurig-schönen Film von Joel Schumacher (2004) geistert das Phantom durch die prunkvolle Oper und berührt bis heute mit seinem Schmerz und Liebesleid ein großes Publikum – basierend auf dem gleichnamigen Buch von Gaston Leroux von 1910, wiederum fünfunddreißig Jahre nach dem Bau der Oper. Heute kann sie mit Führung oder alleine besichtigt werden (übrigens auch virtuell), und Kulissenbauten, Schnürboden, Logen (vor allem die berühmte Nr. 5), Kristalllüster und imposante Treppen sorgen für einen unvergesslichen Gesamteindruck.

Vom Ausflug in die Unterwelt erholt man sich am besten in einem Café. Auf der anderen Seite des Opernplatzes gehe ich noch ein Stück den Boulevard entlang und sehe endlich die roten Markisen des Grand Café Capucines. Und ja: 4 Boulevard des Capucines, die Adresse stimmt. Direktheit ist der beste Weg: „Guten Tag, wurde hier das Kino geboren?", frage ich den Mann mit der weißen Schürze, der vor dem Restaurant mit Meeresfrüchten arbeitet. „Da vorne sind Kinos!" Er zeigt die Straße hoch. „Nein, ich spreche vom Kinematographen ..."

Jetzt schaut er mich verwundert an. Ich solle den Chef fragen. Dieser ist sehr nett und führt mich durch den prächtigen Restaurantsaal mit der auffallenden Lampen-Dekoration: Silbrig und golden schimmernde Rechtecke hängen überall von der Decke. Wir gehen eine Treppe hoch bis in einen langgestreckten Hintersaal. „Das ist der Salon Indien", sagt er stolz. „Hier fanden die ersten Filmprojektionen der Lumière-Brüder statt." „Sind Sie sicher?" Der Saal ist sehr schön, aber ich zweifle. Er ist sich sicher. „Auf den alten Einladungskarten steht die Nummer 14, und dort ist auch eine Inschrift zu finden", lasse ich nicht locker.

„Aber ja, ich bin mir sicher!" Man sehe es dem Saal an, er eigne sich perfekt für Filmvorführungen, es könne nur hier gewesen sein. Und warum mache er dann nicht mehr daraus? Filmvorführungen, Werbung ...

Er lächelt. Er sei für diskrete Eleganz. Und damit verabschiedet er sich ebenso diskret-elegant und verschwindet wieder in der Küche.

Trotz Archiv-Einträgen und unzähligen Dokumenten aus jener Zeit: Das Mysterium bleibt. Ob nun im Haus Nr. 4 oder 14 – der Lumière-Vater, Fotograf Antoine, führt an jenem 28. Dezember 1895 die Erfindung seiner Söhne, den sperrigen Kinematographen, der zugleich Filmkamera und Filmprojektor ist, einem schwer beeindruckten Publikum vor. Er zeigt ein paar Kurzfilme, die Titel stehen auf der vergilbten Einladungskarte. Da sind zum Beispiel *Der Zug*, *Das Meer* und auch *Schichtwechsel in der Lumière-Fabrik in Lyon*, jener berühmte Film, der aus dem Fabriktor strömende Arbeiterinnen und Arbeiter zeigt. Es gibt mehrere Vorführungen, zuerst vor einem Kreis geladener Gäste, dann vor zahlendem Publikum. Georges Méliès, der schon bei der Privatvorstellung dabei gewesen sein soll, ist hellauf begeistert und gleichermaßen verblüfft wie die anderen Zuschauer. Der gerade mal fünfzig Sekunden lange Film *Die Ankunft eines Zuges auf dem Bahnhof in La Ciotat* zeigt nichts weiter als eine Dampflokomotive, die in gemächlicher Geschwindigkeit in einen Bahnhof einfährt. Doch damals sorgt der Film für Panik: Die Zuschauer springen von ihren Stühlen auf, denn sie glauben, der Zug fahre gleich in das Café hinein.

In seinen Memoiren erzählt Méliès von einem weiteren Film, vermutlich *Der Platz des Cordeliers in Lyon*: „Wir, einige andere Gäste und ich, saßen vor einer kleinen Leinwand [...], auf der eine bewegungslose Fotografie erschien, die den Platz Bellecour in Lyon zeigte. Ich war etwas überrascht und sagte zu meinem Sitznachbarn: ‚Hat man uns deshalb hierhergelockt? Damit wir an die Leinwand geworfene Bilder sehen? So etwas mache ich seit über zehn Jahren!' Kaum hatte ich meinen Satz gesagt, begann ein Pferd, das einen Lastkarren zog, auf uns zuzukommen, gefolgt von anderen Kutschen, von Passanten, kurz: der komplette Straßenverkehr. Wir staunten mit offenem Mund, wir waren geradezu fassungslos: so sehr verblüfft, dass es dafür gar keine Worte gibt."

Méliès macht Antoine Lumière sofort ein Angebot, er will den Kinematographen kaufen. Aber es ist nichts zu machen: „Er lehnte ab. Dabei habe ich mein Angebot auf 10 000 Francs erhöht, eine Summe, die mir enorm hoch erschien. Monsieur Thomas, der Direktor des Grévin-Museums, bot 20 000 Francs, aber auch ohne zu einem Ergebnis zu kommen." Stattdessen versichert ihm Antoine Lumière, dass die Erfindung keine kommerzielle Zukunft habe: „Eines Tages", sagt er zu Méliès, „werden Sie mir dafür dankbar sein, junger Mann, dass ich mich geweigert habe, Ihnen unseren Kinematographen zu verkaufen. Es ist ein wissenschaftlicher Apparat, der vor allem Ärzten, Chirurgen, Malern und Bildhauern für die Studie der Bewegung dient. In der Theaterwelt kann dieser Apparat einzig und allein ein paar Momente lang Neugier erregen, nach sechs Monaten oder einem Jahr ist das vorbei. Wenn Sie ihn zum Zweck des Amüsements benutzen wollen, dann werden Sie sich dabei ruinieren."

Heute wissen wir, wie die Geschichte ausgegangen ist, sie ist keinesfalls nach nur sechs Monaten vorbei gewesen. Méliès hat sein eigenes Gerät entwickelt und in seinem Leben über 500 Filme gedreht. Viele weltberühmte Regisseure berufen sich heute auf ihn. „Méliès ist ganz klar der Vater all dessen, was wir heute an Spezialeffekten machen", sagt *Star Wars*-Regisseur George Lucas, und Martin Scorsese bestätigt: „Wir alle stammen von Méliès ab."

Doch lange Zeit ist der Filmzauberkünstler völlig in Vergessenheit geraten: Nach dem Ersten Weltkrieg gibt er aus Geldnöten das Filmgeschäft auf und endet schließlich als Spielzeugverkäufer am Pariser Bahnhof Montparnasse. Scorsese hat seinen Film *Hugo Cabret* dem Schicksal von Méliès gewidmet: Der Waisenjunge Hugo wohnt in einer Dachgeschosswohnung des Bahnhofs Montparnasse, begegnet dem alten Méliès und beflügelt noch einmal dessen Lust an phantasievollen Geschichten.

Méliès erkennt, dass diese heranwachsende Generation von Kinofans sein Werk erneut zu schätzen weiß.

Ob es einen Hugo in Méliès' Leben wirklich gab, ist ungewiss, aber hinter der auf den ersten Blick anrührenden Geschichte steht ein hartes Schicksal: Um finanziell zu überleben, verkauft der Filmpionier in den 1920er-Jahren sein Filmmaterial, unter anderem an Jahrmarktbudenbesitzer. Seine Filme werden auf Rummelplätzen gezeigt, sie sind eine von vielen anderen Attraktionen. Doch ein Teil des Filmmaterials landet in einer Schuhfabrik, die aus dem Zelluloid Schuhsohlen herstellt. Das scheint wie eine bittere Endnote zu sein: Méliès stammt selbst aus einer Schuhfabrikanten-Familie, sein Vater hat sein Leben lang alles versucht, damit der junge Georges in seine Fußstapfen tritt. Doch der treibt sich als Student lieber in Theatern herum und liebäugelt mit der Malerei. 1884 schickt ihn seine Familie nach London, er solle dort das Verkaufen lernen. Georges fügt sich, doch die Abende und Nächte verbringt er in Zaubershows. Und er erkennt: Kein Weg führt ihn in den väterlichen Betrieb zurück. Unverhohlen ironisch schreibt er viele Jahre später in einem Brief: „So bin ich also, der Sohn eines großen Industriellen und Luxusschuhfabrikanten, zum Theatermenschen geworden [...]. All das, weil für meinen Vater nichts über seinen eigenen Beruf ging und er sich mit aller Gewalt dagegenstellte, dass ich an der Kunstschule, an der École des Beaux-Arts, studierte ... In diesem Fall wäre ich einfach nur Maler geworden."

Georges wird also ein Theatermensch. Er tritt als Zauberer in Pariser Shows auf und leitet später selbst ein Theater, das Théâtre Robert-Houdin, in dem spektakuläre Shows gezeigt werden. Es existiert nicht mehr, doch die Adresse, 8 Boulevard des Italiens, ist hier gleich in der Nähe. Auf meinem Weg liegen Kinos, von denen dieses Stadtviertel nur so wimmelt. Gleich gegenüber des Grand Café Capucines ist ein Multiplex des Filmgiganten Pathé. Neben dem Café sind Bauarbeiten im Gang. Am Bauzaun wird auf mehreren Plakaten ein Stück Filmgeschichte erzählt: An genau dieser Stelle stand einmal das Théâtre du Vaudeville, das Paramount 1927 gekauft hat, um daraus das edelste aller Pariser Kinos zu machen. Und nun soll an der gleichen Stelle unter Federführung des Stararchitekten Renzo Piano Le Pathé Palace entstehen. „Pathé hat den Ehrgeiz, das schönste und luxuriöseste Kino Europas zu erschaffen", verkündet eines der Plakate. Wir werden es zur Eröffnung 2024 sehen.

Ein paar Schritte weiter befindet sich schon wieder ein Kino, das Cinéma UGC Opéra. Links geht es in die Rue Lafitte, und wie eine Fata Morgana schwebt am Ende dieser Straße, am Horizont, die Sacré-Coeur-Basilika. Auch sie erscheint in unzähligen Filmen, zum Beispiel in *Ein Amerikaner in Paris* oder in *Die fabelhafte Welt der Amélie*, über die noch zu sprechen sein wird.

Ich suche aber nach Méliès' Theater, dem Théâtre Robert-Houdin, 8 Boulevard des Italiens. Angeblich handelt es sich dabei um einen winzigen Saal, der sich im zweiten Stock des Hauses befindet.

Zur Jahrhundertwende gibt Méliès hier Zaubervorstellungen und zeigt später seine ersten Filme. Zauberei und Film sind für ihn eng verknüpft: „Meine Film-Karriere ist so eng an die des Théâtre Robert-Houdin gebunden, dass ich sie gar nicht voneinander trennen kann, denn es ist letztlich meine Vertrautheit mit Tricks und meine persönliche Vorliebe fürs Phantastische, die entscheidend waren für meine Berufung zum Zauberer der Leinwand, wie man mich nennt."

Ich gehe mehrmals auf dem Boulevard des Italiens hin und her. Die Hausnummern sind nicht klar nachzuvollziehen, hier die 2, dort schon die 16, dazwischen wieder einmal Bauarbeiten: Eine weitere gigantische Werbefassade versteckt mehrere Gebäude und wohl das Wenige, das von Méliès' Theater noch übrig ist. Doch auch wenn die alten Filmkunstgemäuer sich nicht mehr exakt verorten lassen: Méliès ist hier überall präsent. Ich sehe ihn vor mir, wie er vor hundert Jahren in den Galerien und Passagen des Viertels unterwegs ist. Seine spätere Produktionsfirma *Star Film* hat ein Büro in der Passage de l'Opéra. Auch diese Passage ist 1925 abgerissen worden, doch gleich hier, am 5 Boulevard des Italiens, ist der Eingang zur Passage des Princes. Ein Méliès-Universum: Unter Glaskuppeln finden sich Spielzeugläden, Superhelden stehen in Lebensgröße vor den Eingangstüren, darunter ein von Schuppen bedeckter Aquaman und eine kämpferische Wonderwoman.

Um die Ecke geht vom 11 Boulevard Montmartre die Passage des Panoramas ab. Hier findet der aufmerksame Spaziergänger eine gemütlich verstaubte Atmosphäre: abgestoßene Bodenkacheln, Gewächshausdächer und Läden für Briefmarkensammler reihen sich aneinander. Im Caffè Stern, 47 Passage des Panoramas begrüßen mich ausgestopfte Tiere im Schaufenster, darunter ein Fuchs mit Flügeln. Man braucht hier in Paris gar nicht unbedingt ins Kino zu gehen, um in ein völlig phantastisches Ambiente versetzt zu werden.

Ich möchte in die Galerie Vivienne, wo Méliès in einem kleinen Theater gezaubert hat. Als ich die Rue Vivienne entlanglaufe, komme ich an der alten Pariser Börse mit ihren korinthischen Säulen vorbei. Der stimmungsvolle Dokumentarfilm *Le Joli Mai*, geschaffen vom Mitbegründer der Dokumentarfilmströmung Cinéma Vérité Chris Marker, lässt hier junge Börsenmakler aus Paris zu Wort kommen, die erzählen, was sie sich vom Leben erhoffen.

Jetzt nur noch ein paar Schritte weiter, vorbei an der französischen Presseagentur AFP – und ich stehe vor der 6 Rue Vivienne, dem Eingang zur Galerie Vivienne. Geöffnet von 8:30 Uhr bis 20:30 Uhr steht auf einem Schild neben dem gusseisernen Eingangstor. Es ist ein prächtiger Ort. Hier gibt es kein verstaubtes

Ambiente, hier ist alles vom Feinsten: der Mosaikfußboden, die Glaskuppeln, die kleinen Läden.

Ein Glöckchen bimmelt, als ich den eleganten Spielzeugladen gleich am Eingang der Galerie betrete, in dem es ausschließlich Spielzeug aus Holz und hochwertige Plüschtiere zu kaufen gibt. Bevor ich mich von meiner Nostalgie besiegen lasse, erkundige ich mich bei der Verkäuferin nach Méliès und seinem Theater. „Ja, das war hier irgendwo", sagt sie, „Méliès' Enkelin ist sogar mal vorbeigekommen, um danach zu fragen." Ich hake nach: „Und es gibt nicht einmal ein Hinweisschild? Eine Tafel, irgendetwas?" Sie schüttelt lächelnd den Kopf und fügt hinzu: „Vielleicht muss das so sein, um das Mysterium am Leben zu erhalten."

In einer nahe gelegenen, hübschen Buchhandlung verliere ich mich: Ledereinbände, Proust und Victor Hugo in geschnitzten Regalen. „Buchhändler seit 1826", steht auf den Stofftaschen. „Dann gab es Sie schon zu den Zeiten von Georges Méliès", sage ich überrascht zum grauhaarigen Buchhändler, der hinter seiner Kasse sitzt. Er zwinkert hinter seiner Brille: „Naja, ich selbst habe Méliès nicht mehr erlebt. Sie suchen das Petit Théâtre? Das gibt es nicht mehr. Da ist jetzt die Pizzeria drin, am Eingang der Galerie. Und davor war dort Gaultier, der Modedesigner." „Aber warum wird Méliès hier nirgends erwähnt?", frage ich. „Zwei Orte beanspruchen für sich, der Geburtsort des Kinos zu sein, aber keiner von beiden würdigt es so richtig." Der Buchhändler schaut mich nachdenklich an und will etwas sagen, doch in diesem Moment betritt eine Kundin den Laden und fragt nach einem Buch.

Ich lasse die beiden allein und gehe. Ein Mysterium: Ausgerechnet Méliès scheint spurlos verschwunden. Kino ist jedoch ein Mittel *gegen* das Vergessen. Schon einer der Journalisten, die damals jener legendären ersten Filmvorführung beiwohnen, beschreibt den neu erfundenen Kinematographen als „magische Laterne", mit der es „fast gelingt, Vergessen, Trennung und Tod auszuradieren."

Méliès stirbt 1938 verarmt und ohne öffentliche Ehren. Lange Zeit erinnert sich keiner mehr an ihn und seine Filme. Vielleicht ist es deshalb auch so schwer, seine Spuren in der Stadt zu finden. Doch seine Kunst, seine *Zauber*kunst, ist mittlerweile wiederentdeckt worden: Die Cinémathèque française widmet Méliès eine große Ausstellung, die ich mir ansehen will.

Ich flaniere durch die Galerie zurück zum Eingang. Die vom Buchhändler genannte „Pizzeria" ist in Wirklichkeit ein wunderschönes Edelrestaurant, die Trattoria Daroco Bourse, 6 Rue Vivienne, mit hoher Decke, großen Glaslampen, Marmortischen und geflochtenen Stühlen. Die Kellner tragen weiß-blau gestreifte Matrosenpullover, vielleicht eine Anspielung auf den Modemacher Jean Paul Gaultier? Aber wo sind die Erinnerungen an Méliès?

Während ich dort einen Salat mit Büffelmozzarella genieße, gehen mir die Bilder von Méliès' berühmtestem Film *Die Reise zum Mond* durch den Kopf. Dieser Film hat in der Folge unzählige Regisseure und Filme inspiriert, von George Lucas' *Krieg der Sterne* bis Christopher Nolans *Interstellar*. 1902 dreht Méliès dieses *féerie en trente tableaux*, das „Märchenspiel in dreißig Bildern", wie *Die Reise zum Mond* im Untertitel heißt. Selbst Konkurrenten wie Charles Pathé loben den Film: „*Le Voyage dans la Lune* ist meiner Ansicht nach die erste wirklich interessante Szene, die der Kinematograph hervorgebracht hat." Für die damalige Zeit ist die Handlung des Films ungewöhnlich ausgeklügelt. Fünf Mitglieder des Clubs der Astronomen – bärtige Gesellen mit großen Hüten – begleiten den Präsidenten Barbenfouillis auf seiner Reise in einer Rakete zum Mond. Dort treffen sie auf „Seleniten", feindlich gestimmte Mondbewohner mit Hörnern und spitzen Lanzen. Sie nehmen die Gelehrten gefangen und fesseln sie, doch am Ende befreien sich die bärtigen Wissenschaftler, kehren in ihrer Rakete zur Erde zurück und werden als Helden gefeiert.

Méliès führt seine *Reise zum Mond* im Théâtre Robert-Houdin seinen Kunden vor, vor allem vor Jahrmarktbudenbetreibern. Méliès ist sich seines Erfolgs sicher, aber die Budenbesitzer zögern. Der Film ist fast dreizehn Minuten lang, viel länger als gewöhnliche Kurzfilme, und der Preis wird pro Meter Filmmaterial berechnet. Kaum einer will das Risiko eingehen, das teure Objekt zu erwerben. Am Ende hat Méliès 20 000 Francs verloren und wird zu allem Überfluss von amerikanischen Produktionsfirmen plagiiert. Ein Copyright gibt es damals noch nicht. 1937 beschreibt Méliès rückblickend, wie diese gefälschten Kopien den US-Markt überfluten: „Zu allem Überfluss wurde auch noch heftig die Werbetrommel gerührt! Auf den Plakaten und in der Presse hieß es: ‚*Le Voyage dans la Lune*, der wundervolle (tremendous) Erfolg der Geo Méliès Star Film aus Paris'. Aber wie das Sprichwort sagt: Jedes Unglück ist zu irgendetwas gut. Der Film hat zwar die Fälscher bereichert, mir aber durch seine enorme Verbreitung eine Reklame ohnegleichen eingebracht. Der Name ‚Geo Méliès' ist von heute auf morgen im ganzen Universum berühmt geworden."

Geo, sprich: Georges Méliès, was wäre das für ein Film-Protagonist! Finanziell fast immer am Rande des Ruins, leidenschaftlich, hyperproduktiv, zuerst weltberühmt, dann völlig vergessen, zeitweise verkannt, später gehuldigt. Der Zauberkünstler hat zweifelsfrei Spuren hinterlassen.

Und wenn man durch das Stadtviertel spaziert, so hat man das Gefühl, als könnte der kleine Mann mit großem Schnurrbart jeden Moment über die Straße gehen, den eleganten Torbogen der Galerie Vivienne durchqueren und sich mit großer Geste verbeugen. Voilà! Das Kino ist geboren.

Das Cinéma Le Grand Rex

Der Tag und die Nacht
Les Grands Boulevards – Pariser Kinogeschichte

Jean-Paul Belmondo grinst mich an. Der Charmeur mit den vollen Lippen steht im Pariser Wachsfigurenkabinett im Musée Grévin, 10 Boulevard Montmartre. Der echte Filmstar ist 2021 im Alter von 88 Jahren gestorben, hier aber bleibt er auf ewig jung. An anderer Stelle blickt Omar Sy entspannt lächelnd in einen dunkelblauen Sternenhimmel. Er ist der Held des Kinohits *Ziemlich beste Freunde,* der Netflix-Serie *Lupin* und vieler weiterer Erfolgsfilme.

Ich bin mit Véronique Berecz unterwegs, Kommunikationsdirektorin des Wachsfigurenkabinetts. Wir wandern durch die Ausstellungshallen, begegnen dem unvergesslichen Komiker Louis de Funès und Jean Gabin, der als Star von Kultfilmen wie *French Can Can* und als phlegmatischer, aber zugleich hellwacher Kommissar Maigret in die Geschichte eingegangen ist. Carole Bouquet, Gérard Depardieu und Lambert Wilson stoßen mit Champagner an, bereiten sich auf eine Filmszene vor oder feiern die Goldene Palme bzw. den César, den sie gerade für einen Film erhalten haben. Internationale Stars winken uns zu: Charlie Chaplin, Marilyn Monroe, George Clooney, Angelina Jolie, Al Pacino, Penélope Cruz, Ranveer Singh ... Bollywood liegt direkt neben Hollywood. Und das Heute trifft auf die Zeit der Gründerväter.

Die Kreise schließen sich: „Filmpionier Georges Méliès ist hier 1885 als Zauberer aufgetreten", erzählt mir Véronique. Unlängst hat eine Sonderausstellung Méliès Seite an Seite mit Louis

Lumière gezeigt, zwei Männer mit gestutztem Backenbart, Halsbinde und Gehrock, die sich über eine magische Laterne beugen. Lumière und Méliès, die beiden Filmväter. Der eine will Wirklichkeit einfangen, der andere kreiert magische Geschichten.

Über den Gegensatz, die *opposition fondatrice*, in dem das Kino seinen Ursprung hat, schreibt Filmhistoriker Vincent Pinel: „Dokumentarfilm versus Fiktion, die Kraft der Natur im Gegensatz zum Universum der Studios, der Tag und die Nacht". Die Lumière-Brüder haben weit weniger Filme gedreht als Méliès, sie haben sich an die Wirklichkeit gehalten und trotzdem Phantastisches kreiert – und so auf ihre Weise Schule gemacht. Regisseure wie der Nouvelle-Vague-Star Jean-Luc Godard berufen sich auf Lumière und auf die Kunst, die magischen Momente in der Realität einzufangen, anstatt sie im Studio zu erschaffen: „Méliès interessierte sich für das Gewöhnliche im Außergewöhnlichen und Lumière für das Außergewöhnliche im Gewöhnlichen."

Wir betreten im Musée Grévin den Palais des Mirages: den Palast der Spiegel und der Vorspiegelungen. Ein runder Raum, in dem tausende von Spiegeln und Lichtern einen hypnotischen Effekt erzeugen. Hier hat Michel Gondry eine Szene von *Der Schaum der Tage* gedreht – die Verfilmung des surrealistischen Romans von Boris Vian und die Geschichte einer großen schicksalhaften Liebe. Audrey Tautou und Romain Duris tanzen als Chloé und Colin den Biglemoi, einen sinnlichen Tanz zu Jazzklängen von Duke Ellington. Die beiden sind auf einer Party, doch beim Tanzen gleiten sie langsam in einen poetischen Tagtraum: Exotische Blumen, Blätter, Elefantenrüssel wachsen aus der Decke, alles in bläuliches Licht getaucht. Auch die Körper verwandeln sich, Chloés und Colins Beine werden länger, biegen sich in unwahrscheinliche Richtungen. Sie drehen sich im Inneren eines gigantischen Kaleidoskops, in dem die Blumen und Blätter zu exotisch-geometrischen, vielfach gespiegelten Figuren werden. Überall Lichter über Lichter, Chloé und Colin bewegen sich in Zeitlupe, auf den Gesichtern verliebtes Staunen. Die beiden heiraten, aber Chloé wird krank. Colin kann ihren Tod nur hinauszögern, indem er sie mit frischen Blumen umgibt.

„Der Saal dient immer wieder als Ort für Dreharbeiten", erzählt mir Véronique. „Weil wir täglich geöffnet sind, beginnen sie hier meist am Abend und dauern dann die ganze Nacht." Wir verlassen die schillernde Welt des Palais des Mirages mit den vielfach gespiegelten indischen Tempeln voller glitzernder Götterstatuen. Weiter geht die Zeitreise in die 1968er: Der existenzialistische Philosoph Jean-Paul Sartre sitzt in seinem Stammcafé. Im Hintergrund der Szene laufen Dreharbeiten mit Brigitte Bardot, die nur mit einem um die Hüfte geschlungenen Handtuch bekleidet ist, in der berühmten Pose bedeckt sie ihre Brüste mit ihren Armen.

Das Museum hat inzwischen so viele Wachsfiguren, dass die eine oder andere aus Platzgründen in den Keller verfrachtet werden muss. „Nach welchen Kriterien entscheiden Sie, wer bleiben darf?", frage ich. „Manche Menschen sind einfach sehr berühmt und aus der Geschichte nicht mehr wegzudenken. Sie haben einen bleibenden Platz", antwortet Véronique Berecz. „Bei anderen Persönlichkeiten halten wir uns an die Regeln des Gründers des Grévin-Museums: Arthur Meyer hat es 1882 eröffnet. Er war Journalist und wollte, dass die Besucher die Persönlichkeiten der Titelstorys sehen konnten. Damals waren Fotos in Zeitungen noch nicht üblich."

Berühmtheit ist eben nicht immer von Dauer, und manch einer gerät völlig in Vergessenheit. Max Linder hat diese bittere Erfahrung gemacht: Der Starkomiker des beginnenden 20. Jahrhunderts ist der erste international bekannte Filmschauspieler. Ob Paris oder Hollywood: Max, der Pariser Gentleman, ist auf allen Plakaten. Aber wer kennt heute noch seinen Namen?

Nach dem Verlassen des Museums werfe ich einen schnellen Blick in das legendäre Le Bouillon Chartier, 7 Rue du Faubourg-Montmartre, das gleich um die Ecke liegt. Das 1896 eröffnete Restaurant versteckt sich diskret in einem Hinterhaus und ist noch heute für seine humanen Preise bekannt: Eine Gemüsesuppe gibt es für einen Euro, Sellerie mit Remouladensoße für zwei Euro siebzig und Heringe für knapp vier Euro. Um in den Genuss dieser rustikalen Spezialitäten im immensen Bistro-Saal zu kommen, muss man in der Regel lange Schlange stehen.

Als Gast kann man aber auch deshalb geduldig anstehen, weil man auf den Spuren berühmter Stars wandelt. Jean-Pierre Jeunet hat hier Szenen für *Mathilde – Eine große Liebe* gedreht. In diesem Film sucht Audrey Tautou als Mathilde ihren Verlobten, der als Soldat im Ersten Weltkrieg verschollen ist. Und Le Bouillon Chartier scheint sich in hundert Jahren nicht verändert zu haben: Für Regisseur Jeunet der ideale Ort, um Audrey Tautou in Knopfstiefeln und Rüschenbluse zu filmen.

Und noch ein großer Star macht Le Bouillon Chartier unvergesslich. Romy Schneider dreht hier 1981 eine Szene ihres letzten Films, *Die Spaziergängerin von Sans-Souci*. Es ist ein Liebesfilm mit politischen Bezügen, der das Paar Max und Lina Baumstein durch das Paris von Heute (den 1980er-Jahren) und das Frankreich der Besatzungszeit begleitet. Romy Schneider verkörpert zwei Frauenrollen: Sie ist Lina Baumstein sowie in Rückblenden die Deutsche Elsa Wiener, die das jüdische Kind Max Baumstein im Berlin der 1930er-Jahre bei sich aufnimmt. Elsa wandert mit Max nach Paris aus und muss dort in einem Pariser Cabaret als Sängerin und Animierdame arbeiten, um ihren Lebensunterhalt zu verdienen. Ihr Mann Michel kommt als Verleger von Büchern, die der nationalsozialistischen Ideologie widersprechen, in ein Konzentrationslager.

Im Le Bouillon Chartier sehen wir Elsa mit ihrer Freundin und Cabaret-Kollegin Charlotte. Hier bekommen die beiden für wenig Geld ein Essen. Vor dem Eingang des Restaurants treffen sie auf junge Leute, die Handzettel verteilen: Sie gehören der Einheitsfront für die Befreiung der Antifaschisten an. Elsa wendet sich an sie mit all ihrer letzten Kraft, sie will ihren Mann befreien. Und sie schafft es, indem sie mit Ruppert von Leggaert, einem Mitarbeiter der deutschen Botschaft in Paris, ins Bett geht. Doch am Ende werden Elsa und ihr Mann von genau diesem Nazi ermordet. Jahrzehnte später erkennt Max Baumstein, gespielt von Michel Piccoli, den Mörder seiner Adoptiveltern im Botschafter Paraguays und erschießt ihn.

Die französische Premiere des Films wird am 14. April 1982 gefeiert. Nur gut einen Monat später stirbt Romy Schneider am 29. Mai 1982 – an gebrochenem Herzen, wie manche sagen. Eigentlich hätte ihr eigener Sohn den jungen Max Baumstein spielen sollen. Doch dieser kommt im Sommer 1981 bei einem tragischen Unfall ums Leben. „Die letzten Tränen von Romy Schneider, die keinen weiteren Film mehr drehen wird", kommentiert die Kino-Zeitschrift *Studio Magazine*. „Sie ist mit ihren eigenen inneren Qualen in Kontakt getreten: mit totaler Leidenschaft hat sie dieser Geschichte all die Kraft einer am Boden zerstörten Mutter vermittelt."

Vom Le Bouillon Chartier mache ich mich auf den Weg zu Max Linder, dem vergessenen Star mit einem ebenfalls tragischen Schicksal. Immerhin: An der Fassade des Filmpalastes in 24 Boulevard Poissonière, nur ein paar Schritte vom Musée Grévin und Le Bouillon Chartier entfernt, steht der Schriftzug Max Linder Panorama – die Buchstaben im Art-Deco-Stil leuchten weit in die beginnende Dämmerung. Der Saal mit Supersound und Panoramaleinwand ist ein Muss für Kinofans. Kaum jemand kann jedoch noch etwas mit dem Namen anfangen. Max Linder eröffnet den Filmpalast 1914. Er ist auf dem Höhepunkt seiner Karriere, eine Referenz für Komiker auch jenseits des Atlantiks, Charlie

Chaplin bezeichnet ihn als seinen Lehrer. Mit seiner Mimik und seinen Gesten kehrt er den allzu simplen Gags – stolpernde Helden und Tortenschlachten – den Rücken. Er kreiert den Gentleman Max, tritt in Zylinderhut, Smoking und Glacéhandschuhen auf, ist Komiker und Frauenheld in einem. Er ist an der Geburt der Serie beteiligt, lange vor Fernsehen und Netflix. Stammkundschaft heißt das Schlagwort, und das funktioniert mit Komödien schon damals gut. So warten nicht nur die Pariser, sondern Fans auf der ganzen Welt gespannt auf den nächsten „Max-Film".

Doch Max Linder wird von seiner Zeit überholt, seine Figur des bürgerlichen Partygängers erscheint altmodisch. Ein neuer Star stellt ihn in den Schatten. Sein einstiger Bewunderer Charlie Chaplin bereichert die Filmkomödie um neue Dimensionen: Poesie, Emotionen, Sozialkritik. Chaplin spielt den Vagabunden, den Hungerkünstler, den Arbeiter, der in unmenschlichen Fabriken in die Zahnräder gerät.

Max Linder jedoch, der spaßige Gentleman, findet ein tragisches Ende: Er und seine junge Ehefrau begehen 1924 Selbstmord. Die beiden Leichen werden in einem Hotelzimmer im Pariser Hôtel Baltimore in der Avenue Kléber gefunden. Linder ist gerade einmal 42 Jahre alt. Jahrelang hat er unter Depressionen und Neurasthenie gelitten, jener Nervenschwäche, die damals omnipräsent ist, sowie unter gesundheitlichen Beeinträchtigungen aufgrund von Giftgasangriffen im Ersten Weltkrieg.

Das Paar hinterlässt eine sechzehn Monate alte Tochter, Maud Linder. Sie will und kann sich nicht damit abfinden, dass die komödiantischen Kurzfilme ihres Vaters fast vergessen sind, und dreht Jahrzehnte später zwei bemerkenswerte Dokumentarfilme über ihren Vater: *In Gesellschaft Max Linders* (1963) und *Der Mann mit dem Seidenhut* (1983).

„Ich kannte die Tochter, Maud Linder", erzählt mir die Besitzerin und Programmleiterin des Max Linder Panorama, Claudine Cornillat. „Ich bin ihr zum ersten Mal begegnet, als ich das

Kino 2004 übernommen habe. Was für eine Persönlichkeit! Sie hat alles getan, um die Filme ihres Vaters wiederzufinden und zu erhalten." Doch die Versuche, ein breites Publikum für Linders Filme zu begeistern, scheitern: „Es war schwierig. Wir haben das ein-, zweimal versucht, wir haben Abende mit Maud Linder organisiert. Aber unser Zielpublikum ist nun mal ein anderes."

Das Stammpublikum sind Kinofanatiker, die das Max Linder Panorama wegen seines tollen Sounds, der Riesenleinwand und der phänomenalen Bildqualität allen anderen Pariser Kinos vorziehen. „Das ist unsere Art, Max Linder treu zu bleiben", sagt Claudine Cornillat. „Auch er stattete damals seinen Filmpalast mit der modernsten Technik aus." Damit die Supertechnik auch zur Geltung kommt, nimmt Claudine Cornillat eine gewisse Art von Filmen ins Programm: „Spektakuläre Filme. Keine 0815-Blockbuster, sondern aufsehenerregende Filme großer Autoren. Filme wie *Dune* von Denis Villeneuve zum Beispiel. Science-Fiction. Fantasy." Einmal im Jahr organisiert sie das Paris International Fantastic Film Festival. Dann stehen Fans von Fantasy-Filmen stundenlang Schlange, um eine der begehrten Karten zu ergattern.

Das Max Linder Panorama ist eines der wenigen Pariser Kinos, das nur einen Saal mit großer Leinwand behalten hat. Die meisten haben ihre Fläche in mehrere kleine Säle unterteilt, um genügend Besucher anzulocken. Andernorts sind neue riesige Multiplex-Kinos entstanden. Was das Max Linder Panorama von diesen anonymen Megakinos unterscheidet, ist die menschliche Note: Ein kleines Team von Angestellten, die schon ewig dabei sind, kümmert sich um alles und kennt viele Stammkunden persönlich. Claudine Cornillat begleitet mich die Treppe hinauf zum Raum des Filmvorführers José Rodrigues. Stolz lächelnd zeigt er mir alte Filmrollen. „Heute erledigt der Computer fast alles", sagt er, „aber wir haben noch Projektoren für 35-mm-Filme. Für Filme wie *Once Upon a Time in Hollywood* von Quentin

Tarantino." Mit einer zärtlichen Geste legt er die Filmrolle zurück. „Wir waren mit die ersten, die Filme im Originalton gezeigt haben. Heute ist das in Paris weit verbreitet: Die Kinogänger wollen den ursprünglichen Klang und die wirklichen Stimmen der Schauspieler hören." Er wirft einen Blick auf den Computer. Die Projektion des Science-Fiction-Films *Dune* von Denis Villeneuve verläuft reibungslos.

Ich will weiter in Kinogeschichte schwelgen. Nur 200 Meter weiter auf dem Boulevard Poissonnière leuchten die drei weißen Buchstaben REX auf einem Turm. Er ragt seit 1932 in den Pariser Himmel. Zu dieser Zeit wird das imposante Gebäude errichtet, eine Kathedrale des Films. Hinter einer beeindruckenden Art-Deco-Fassade verbirgt sich ein riesiger Kinosaal. Le Grand Rex ist eines der letzten Kinos, das vom goldenen Zeitalter der gigantischen Filmpaläste zeugt. Rolltreppen führen in die höheren Etagen. Erster, zweiter, dritter Stock: In der Anfangszeit entspricht das drei Preisklassen. Unten die teure erste Klasse, ganz oben die dritte Klasse für das einfache Volk. Arbeiterfamilien bringen ihr Essen mit und picknicken im Kino, während die Wohlhabenden weiter unten im langen Abendkleid oder Schlips und Kragen Champagner trinken. Dort empfangen Angestellte in Livree und weißen Handschuhen die Gäste. Es gibt einen Friseursalon für die Damen der besseren Gesellschaft, einen Hundesitter und sogar eine Krankenstation – Le Grand Rex ist wie eine kleine Stadt innerhalb der Stadt. Warum die Krankenstation? In den frühen Zeiten kommt es durchaus vor, dass Leute während der Filmvorführung in Ohnmacht fallen.

Samtige rote Teppiche verschlucken meine Schritte. Durch eine mit Lederpolstern verkleidete Tür geht es in den großen Saal mit Sitzreihen über Sitzreihen. Ich habe mich mit Franck Vernin verabredet, der durch das Kino führt und aus seiner Begeisterung keinen Hehl macht: „Damals sagte man nicht: Wir gehen ins

Kino. Sondern: Wir gehen ins Rex. Das war ein Sonntagsausflug für die ganze Familie, mit Liveshows vor der Filmvorführung. New Yorker Stars führten Stepptanz auf, Orchester gaben Konzerte. Eine Zeit lang wurden auf der Bühne sogar Boxkämpfe ausgetragen, bevor der Film startete!"

Zwischen den Sitzreihen hindurch gehen wir nach vorn und besteigen die Bühne. Franck Vernin zeigt von dort nach oben: Ein Sternenhimmel prangt an der Decke des Saals. „Damals dachten die Kinogänger, sie seien im Freien gelandet. Noch heute kommen Besucher und erzählen davon."

Von der Bühne aus gesehen wirkt der Saal noch größer: ein Riesensaal für eine Riesenshow. Als hier 1941 *Dumbo* von Disney gezeigt wird, lässt man sogar ein echten Elefanten kommen. Und 1969 wird die Raumfahrtmission Apollo 11 live auf der Leinwand übertragen – dazu schwebt eine nachgebaute Rakete über den Sternenhimmel. Das Grand Rex lässt mit grandiosen Ideen auch Wünsche von Filmregisseuren wahr werden: 1988 plant Luc Besson hier die Premiere für sein Unterwasser-Epos *Im Rausch der Tiefe*. Doch dann zögert er: „Er fand, dass unsere Leinwand für seinen Film *Le Grand Bleu* nicht spektakulär genug war. Da haben die Direktoren des Grand Rex beschlossen, eine größere Leinwand zu installieren, 25 Meter breit und 12 Meter hoch, also 300 Quadratmeter groß." Das ist nun derart spektakulär, dass manche Kinobesucher dutzende Male ins Grand Rex gehen, um *Im Rausch der Tiefe* zu erleben. Sie singen beim Vorspann mit, zünden bei Unterwasserszenen ihre Feuerzeuge an. Eine Stimmung wie bei Rockkonzerten, berichtet man mir. Echte Rockkonzerte gibt es später auch: Patty Smith ist hier gewesen, Madonna ebenfalls.

Der Vorführraum wird mir gezeigt, dann steigen wir weiter hinauf, bis unter das Dach. Hier sind die eisernen Strukturen des Gebäudes sichtbar, das riesenhafte Gerüst erinnert an den Eiffelturm.

Franck Vernin will mir noch die großen Wandgemälde im Treppenhaus zeigen. Auf einem blickt uns eine bekannte Gestalt entgegen: Charlie Chaplin. „Als das Grand Rex wegen der Corona-Pandemie geschlossen war, haben wir die Gemälde restauriert. Dabei stellten wir fest, dass sich hinter einem Clownsbild Chaplin verbarg. Er war einfach übermalt worden. Das geht wahrscheinlich auf die Besatzungszeit zurück. Die Deutschen hatten aus dem Rex ein Soldatenkino gemacht."

Doch Chaplin oder Charlot, wie er in Frankreich genannt wird, und Le Grand Rex gehören untrennbar zusammen: „Jacques Haïk, der Gründer des Grand Rex, hat Charlie Chaplin in Frankreich bekannt gemacht. Er hat ihm den Namen Charlot gegeben. Die anderen Kinobesitzer glaubten nicht, dass seine Filme hier Erfolg haben würden. Haïk hat Chaplins Filme 1914 als Erster ins Programm genommen. Und es wurde ein Riesenerfolg, das Publikum war begeistert!"

Im Kino-Museum Rex Studios, 5 Boulevard Poissonnière, das gleich nebenan liegt, können Filmgeschichte und die große Zeit der Kinos auf einem interaktiven Rundgang nacherlebt werden. Im Eingangsraum sind die Wände mit Autogrammen tapeziert. Sänger, Filmemacher und Schauspieler haben sich hier verewigt, Quentin Tarantino, Tim Roth und Kurt Russell schwer lesbare Botschaften hinterlassen. Es gibt die romantischsten Küsse und Liebesschwüre der Filmgeschichte zu sehen, die Besucher begegnen Stars auf dem roten Teppich und dem Riesengorilla King Kong und werden aufgefordert, als Statisten für eine Szene mit heftigem Wind panisch mit den Armen zu rudern. Am Ende des Parcours entdeckt sich meine Gruppe auf der Leinwand wieder: Wir stehen auf einem Schiffsdeck im Sturm, unsere Stimmen ertönen. Während wir hier in den Gängen unterwegs gewesen sind, ist ein kleiner Film mit uns als Protagonisten entstanden. Die Gruppe lacht begeistert.

Als ich das Kino-Museum verlasse, drängen sich wieder Menschen vor dem Grand Rex. Ein junger Mann klärt mich auf: Es sind diesmal keine Stars zu Besuch. Das ist die Schlange für den neuen James-Bond-Film *Keine Zeit zu sterben*. Einer Laune folgend stelle ich mich auch an. Nach einiger Zeit bin ich wieder in dem imposanten Vorführsaal, jetzt gefüllt mit andächtigem Murmeln. Füße scharren, Popcornboxen werden hin- und hergereicht. Auf der Leinwand laufen Vorschauen, dann wird es still und die Magie des Kinos übernimmt die Regie. Als nach dem Ende des Films das Licht wieder angeht im Saal, fragt ein junges Mädchen seine Mutter: „Ist James Bond wirklich tot?"

Aber nein! Niemand ist je wirklich tot im Film. Das ist die Magie des Kinos. Und diese ist Teil der Magie von Paris. Keine Stadt der Welt hat so viele Kinosäle, an die vierhundert sind es. Nicht nur James Bond findet hier sein Publikum, sondern auch der noch so verschrobenste Insider-Film. Retrospektiven von Stummfilm-Regisseuren füllen die Säle. Vielleicht liegt es daran, dass der Film hier erfunden wurde? Am Zauberer Méliès, an den Brüdern Lumière? Oder an den passionierten Filmfans, Kinodirektoren und Vorführern wie José Rodrigues, die dazu beitragen, dass der Kinogang ein Ereignis ist und historische Kinos wie das Max Linder Panorama erhalten bleiben? Man sieht wieder Méliès seinen Zauberhut ziehen. Licht aus, Phantasie an.

Der Großmarkt in Les Halles, abgerissen 1970

Bunt, sinnlich, multikulti
Das Hallenviertel

Das Shoppingparadies „Die Hallen", offiziell Westfield Forum des Halles, frisst sich in den Bauch von Paris. Die Rolltreppen gehen immer tiefer nach unten, an schillernden Boutiquen vorbei bis hinunter zum Metrobahnhof. Hier kommen die Züge, die „RER", aus den Vorstädten an.

Das Forum des Halles spielt in Banlieue-Filmen häufig eine Rolle. 2014 erscheint *Mädchenbande* von Céline Sciamma: Die Protagonistinnen Marieme (Karidja Touré), Lady (Assa Sylla), Fily (Mariétou Touré) und Adiatou (Lindsay Karamoh) sind um die sechzehn Jahre alt. Sie kommen aus den Wohntürmen einer Vorstadt, shoppen in „Les Halles", klauen Kleider, hängen herum und provozieren. Die Hallen scheinen wie eine Erweiterung der Banlieues, die jungen Mädchen kommen nie wirklich in Paris an. Hier fühlen sie sich stark, kennen die Umgangsformen. Und hier sind sie zugleich frei von den Zwängen der Vorstadt: keine großen Brüder, die sie verprügeln. In den geklauten, tief ausgeschnittenen Kleidern tanzen sie zu *Diamonds* von Rihanna im billigen Hotelzimmer, das sich die vier Mädchen für eine Nacht teilen. Sie bezahlen es mit dem Geld, das sie von Mitschülerinnen erpresst haben.

Les Halles als Fortsetzung und Erweiterung der Banlieues: Auch im Film *Hass* von Mathieu Kassovitz (1995) sind die drei Protagonisten, der Jude Vinz (Vincent Cassel), der Araber Saïd (Saïd Taghmaoui) und der Schwarze Hubert (Hubert Koundé), im Hallenviertel wie zu Hause. Sie kommen aus der Cité de Noé, einer Hochhaussiedlung im Vorort Chanteloup-les-Vignes. Dort ist die Stimmung zum Zerreißen angespannt: Abdel, ein Freund aller drei, ist bei einer Polizeikontrolle schwer verletzt worden, er liegt im Krankenhaus und schwebt in Lebensgefahr. Bei Zusammenstößen zwischen den Bewohnern und der Polizei findet Vinz den Revolver eines Polizisten und schwört, Rache zu üben, falls Abdel stirbt. Als sich die drei Freunde frühmorgens im Hallenviertel herumtreiben, sehen sie auf den flackernden großen Bildschirmen des Shoppingcenters die schlimme Nachricht: Abdel ist gestorben.

In einer der nächsten Szenen sieht man die drei jungen Männer auf der Rue Rambuteau, zwischen Les Halles und der Kirche Saint-Eustache. Sie stehen vor dem monumentalen Kopf aus Sandstein: *Écoute* heißt diese Skulptur von Henri de Miller. Das androgyne Gesicht deutet ein Lächeln an. Den Kopf in die Hand gestützt, das Ohr am Boden, scheint dieser Mensch auf die Geräusche des Forum des Halles und der Metro zu lauschen. Doch die drei Banlieusards sind zu wütend, um noch etwas zu hören, auch, um einander zuzuhören. Vinz gestikuliert wild mit seiner Pistole, er will einen Polizisten töten. Es kommt zum Streit, Saïd und Hubert machen sich davon, Vinz lässt seine Wut an der Statue aus. Dann geht er seinen Freunden hinterher und rettet sie kurz darauf mit seiner Waffe vor einer Gruppe Neonazis. Die Spirale der Gewalt dreht sich immer weiter bis zum tödlichen Ende des Films: Die drei Freunde kehren in ihr Banlieue zurück, geraten an eine Polizeistreife – und Vinz wird getötet. Noch ein Schuss fällt, doch die Kamera dreht sich in die andere Richtung. Wir wissen nicht, wen es getroffen hat.

Ein Ort des Aufbruchs, aber in eine ganz andere, eine leichte, verliebte, verzauberte Welt, sind Les Halles in dem 2013 erschienenen surrealistischen Film *Der Schaum der Tage* von Michel Gondry. Das monumentale Shoppingcenter ist seit 2011 im Umbau, und die beiden Protagonisten Chloé (Audrey Tautou) und Colin (Romain Duris) haben ihr erstes Rendezvous hier an der Baustelle: Durch runde Gucklöcher im Bauzaun blicken sie auf Bauarbeiten, die genauso surreal sind wie alles in diesem Film. Kleine Bauwagen, die wie Metrowaggons aussehen, flitzen in durchsichtigen Röhren über die Baustelle. Am Baukran ist ein großer, weißer Schwan befestigt. Chloé und Colin besteigen ihn, um über die benachbarte Kirche Saint-Eustache zu schweben, über den Eiffelturm, den Arc de Triomphe und bis hin zu einer Automobilmesse. Nackte Frauen sitzen in einem durchsichtigen Fahrzeug, während Chloé und Colin über Transparenz diskutieren.

Die berückenden, bezaubernden, verfremdeten Bilder sind jedoch die Ausnahme. Filmemacher interessieren sich mehr für die brutale Sinnlichkeit des Viertels, für die Rue Saint-Denis gleich bei den Hallen. Hier bieten Prostituierte ihre Dienste an. In dem Kollektivfilm einiger Nouvelle-Vague-Regisseure, *Paris gesehen von ...*, filmt Jean-Daniel Pollet 1965 einen schüchternen Mann, der eine Prostituierte in ein schäbiges Hotelzimmer in der Rue Saint-Denis begleitet. Aber sie kommen einfach nicht zur Sache.

Da geht Billy Wilder das Thema fast schon direkter an. In seinem 1963 erschienenen Film *Das Mädchen Irma la Douce* erzählt er von den Prostituierten des Viertels, aber auch von den Hallen selbst. Bis zum Ende der 1960er-Jahre ist hier der Pariser Großmarkt. Da gibt es nicht nur Blumen und Berge von Obst und Gemüse, sondern auch Arbeiter in blutgesprenkelten Kitteln, die mit rohem Fleisch hantieren. Jack Lemmon spielt im Film den netten Polizisten Nestor Patou, der sich in die Prostituierte Irma (Shirley MacLaine) verliebt. Bei Billy Wilder heißt die Straße des Rotlichtmilieus Rue Casanova. Er dreht seinen Film in Hollywood, und er nimmt sich die Freiheit der Übertreibung. Grelle Farben strahlen in den Hallen oder in der Bar Chez Moustache, wo Zuhälter, Prostituierte und korrupte Polizisten um den giftgrünen Billardtisch herumstehen, auf dem Irma tanzt. Es heißt, Billy Wilder, der auch das echte Paris gut gekannt hat, habe sich für Chez Moustache vom Restaurant L'Escargot Montorgueil, 38 Rue Montorgueil inspirieren lassen. Allerdings ist alles so stilisiert, dass sich der Film weniger auf konkrete Orte beziehen lässt und fast schon avantgardistisch wirkt.

Der verliebte Polizist Nestor wird Irmas Zuhälter, erträgt es aber nicht, dass sie sich prostituiert. Er verkleidet sich als reicher „Lord X", wird ihr Kunde und will ihr so viel Geld geben, dass sie keine anderen Kunden mehr braucht. Nur ... woher das Geld nehmen? Nestor beginnt, nachts heimlich in den Hallen des Pariser Großmarkts zu arbeiten, und transportiert geschlachtete Kühe und Schweine. Doch mit der Zeit glaubt Nestor, dass Irma „den Lord" mehr in ihr Herz geschlossen hat als ihn, und beschließt, ihn „zu beseitigen", die Rolle zu beenden, was ihm letztlich sogar eine Mordanklage und einen Gefängnisaufenthalt einbringt – aber auch die Liebe von Irma.

Die blutenden Tierleiber in den Markthallen haben es auch Stanley Donen angetan. Sein Film *Charade* erscheint 1963, im gleichen Jahr wie *Das Mädchen Irma la Douce*. Die entzückende und zierliche Audrey Hepburn irrt als Regina Lampert durch die Hallen. Sie ist ständig hungrig und isst eine Zwiebelsuppe, ohne sich von den blutigen Fleischstücken stören zu lassen, die neben ihr durch die Gänge getragen werden.

Die Zwiebelsuppe ist übrigens bis heute ein Markenzeichen der Gegend. Die Suppenlokale findet man inzwischen aber nicht mehr in den Hallen, sondern draußen gleich neben dem Einkaufszentrum. Und eigentlich sind es auch keine Suppenlokale mehr, sondern schicke Brasserien. In Restaurants wie Au Pied de Cochon, 6 Rue Coquillière können sich Nachtschwärmer auch noch am Morgen mit einer mit Käse überbackenen Zwiebelsuppe stärken.

Die alten Markthallen, die geschlachteten Tiere, all das ist verschwunden. Rund um das moderne Hallengebäude mit dem schwungvoll gewölbten Dach ist heute ein lebhaftes Shoppingviertel zu finden, in kleinen Straßen wimmelt es von Restaurants und Cafés. Doch einen Laden gibt es hier noch, vor dem man sich so richtig gruseln kann: Tote Ratten hängen im Schaufenster des Maison Aurouze, 8 Rue des Halles. Im Film *Ratatouille* heißt dieses Geschäft für Rattengift, Insektenvernichtungsmittel und Ähnliches „The Extermination Shop". Es ist der Schrecken der kleinen Ratte Rémy, dem Helden des Disneyfilms. Rémy träumt davon, Koch zu werden, und verhilft dann tatsächlich dem fiktiven Restaurant „Gusteau's" zu neuem Glanz. Gusteau's ist ähnlich elegant wie das wirklich existierende Luxusrestaurant La Tour d'Argent, das wohl als Vorlage gedient hat. Doch Rémys intrigante Widersacher jagen ihm die amtliche Lebensmittelkontrolle auf den Hals, und das Restaurant muss wegen Ungezieferbefall schließen. Da macht Rémy mit seinen Freunden ein neues Bistro auf, „La Ratatouille".

Ich nehme die große Rolltreppe hinter der ehemaligen Bourse de Commerce, 2 Rue de Viarmes, heute Ausstellungshalle für moderne Kunst, die zum Forum des Halles führt. Hier ist heute das Multiplex-Kino UGC Ciné Cité Les Halles, die alten Hallen mit den Kohlköpfen scheinen plötzlich sehr weit weg. Schillernde Leuchttafeln weisen auf insgesamt 27 Filme hin, die gleichzeitig gezeigt werden: Es ist das größte Kino nicht nur von Paris, sondern von ganz Frankreich, 1995 eröffnet.

In den Pariser Vororten gibt es bereits 1993 die ersten Multiplex-Kinos. Es geht darum, angesichts sinkender Besucherzahlen die Filmindustrie zu retten, und die Kinos an Orten mit hoher Bevölkerungsdichte zu etablieren. Multiplex-Kinos haben zwar den Ruf, vor allem der Zerstreuung Popcorn futternder Kulturbanausen zu dienen. Doch das UGC Ciné Cité Les Halles schafft es, alle Stile zu vereinen. Mehrere Säle sind für Filme mit dem Label *art et essai* reserviert, also für Filme mit künstlerischem und experimentellem Anspruch.

Die Einführung der Multiplex-Kinos hat in Frankreich letztlich dazu geführt, dass die Besucherzahlen wieder steigen – vor allem, weil die Bewohner der Vororte wieder ins Kino gehen. Und viele kleine Stadtteil- und Programmkinos haben dank der ambitionierten französischen Subventionspolitik überlebt.

Vom Kino führt ein Gang mit Boutiquen weiter ins Innere des Shoppingparadieses. Und der hat einen Namen: Rue du Cinéma! Nomen est omen. Da wundert es nicht, dass hier auch die riesige, auf cineastische Bücher spezialisierte Bibliothèque du cinéma François Truffaut, 4 Rue du Cinéma und gleich daneben das Forum des images, 2 Rue du Cinéma mit einer Sammlung von über 8 000 Pariser Filmen angesiedelt sind. Alles kann hier gefunden werden: Dokumentarfilme, Spielfilme, Reportagen ... Das Forum des images organisiert Festivals, Vorträge und Filmvorführungen. Auf den Bildschirmen im Café des Forums Le 7e Bar hat man Zugang auf Filme der Sammlung. Ich schwinge mich auf einen Barhocker und schaue mir einen Vortrag des Filmkritikers N. T. Binh über die Gefühlswelt des braven Polizisten Nestor Patou in *Das Mädchen Irma la Douce* an. So schließen sich die Kreise. Und wie „Lord X" von den Toten wiederaufersteht, so habe auch ich dank des großartigen Kaffees neue Kraft für einen weiteren cineastischen Entdeckungsspaziergang.

Das beliebte L'As du Fallafel in der Rue des Rosiers

Falsche Rabbis und Gangster-Weihnachtsmänner
Falafel-Bällchen im Quartier Marais

Ein Straßenschild in allen Regenbogenfarben: Die Rue des Archives im Pariser Quartier Marais trägt die Farben des LGBTQ-Viertels. Auch auf dem Asphalt sind Regenbögen aufgemalt, und selbst die Metallstühle des OPEN Café, 17 Rue des Archives leuchten rot, orange, gelb, grün, blau und lila.

Dem sogenannten Gay-Viertel von Paris huldigt auch die von Gus Van Sant inszenierte Marais-Episode des kollektiven Films *Paris, je t'aime* (2006). Darin besuchen Marianne (Marianne Faithfull) und Gaspard (Gaspard Ulliel) eine Druckerei im Marais. Gaspard erblickt den Lehrling Elias (Elias McConnell) – und es ist wie Liebe auf den ersten Blick. Er öffnet sich Elias gegenüber, erzählt von seiner gefühlten Seelenverwandtschaft, doch es bleibt beim Monolog: Elias antwortet nicht. Gaspard gibt ihm seine Telefonnummer und geht. Erst danach stellt sich heraus, dass es mit Elias' Französisch-Kenntnissen nicht weit her ist! Auf Englisch sagt er zu seinem *patron* (Christian Bramsen), dass er kein Wort verstanden habe. Sicher ist, dass er mehr wissen will: Er verlässt die Druckerei und hastet durch die Straßen des Viertels, auf der Suche nach Gaspard.

Das Marais-Viertel ist nicht nur für seine unzähligen Bars und Clubs der Gay-Community bekannt, sondern auch für seine Falafel-Restaurants, die hippen Modedesigner und für seine kleinen Café-Theater: Ein paar unbekannte Schauspieler gründen zur Zeit der Achtundsechziger-Bewegung unter anderem das Café de la Gare, das heute im Hinterhaus der 41 Rue du Temple versteckt liegt. Sie heißen Coluche, Romain Bouteille, Gérard Depardieu, Miou-Miou, Renaud, Rufus, Patrick Dewaere ... Sie sind frech und respektlos, haben kein Geld, aber Witz.

Bald drehen sie auch Filme. Die 1974 erschienene Komödie *Die Ausgebufften* von Bertrand Blier mit Depardieu, Dewaere, Miou-Miou und Isabelle Huppert wird zum Kultfilm schlechthin. Der Originaltitel *Les Valseuses* heißt wörtlich übersetzt „Die Walzertänzerinnen", umgangssprachlich sind damit aber auch „Eier" bzw. „Hoden" gemeint. Und so zeigt der Film Sex in allen Variationen als offene Provokation des Spießbürgertums. Dazu gibt es Schlaghosen und Topfschnittfrisuren – und das Frankreich der Siebzigerjahre.

Im gleichen Jahr gründet sich eine andere Gruppe und prägt nachhaltig die französische Comedy – mit berühmten Namen wie Josiane Balasko, Christian Clavier, Gérard Jugnot, Thierry Lhermitte, Michel Blanc und ab und zu auch dem Comedy-Star Anémone. Diese phantastische Truppe arbeitet bis 1981 im Hinterraum eines Bistros im Marais, in der 10 Rue des Lombards.

Knallharter Humor, respektlose Gags: Das kommt in dieser Zeit wunderbar an. Jean-Marie Poiré adaptiert 1982 das Theaterstück *Da graust sich ja der Weihnachtsmann* für das Kino. Die Rue des Archives ist einer der Drehorte. Die „Helden" des Films: ein als Weihnachtsmann verkleideter kleiner Gangster und die zwei verklemmten Angestellten einer Telefonseelsorge, Thérèse de Monsou (Anémone) und Pierre Mortez (Thierry Lhermitte). Im Büro des Telefonnotrufs geht es drunter und drüber. Vulgäre Anrufer, ungebetene Gäste, ein bulgarischer Nachbar, der immer wieder mit ungenießbaren Weihnachtsspezialitäten auftaucht, die Präsidentin der Seelsorge, die im Aufzug steckenbleibt, beschäftigen die übermüdeten Mitarbeiter. Doch nun erscheinen auch noch der gewalttätige Weihnachtsmann (Gérard Jugnot) und seine Freundin Josette (Marie-Anne Chazel). Beim Versuch, die Pistole des Weihnachtsmannes zu leeren, erschießt Josette aus Versehen den Aufzugsreparateur. „Er hat nicht gelitten, er hatte einen schönen Tod", ist Josettes einziger Kommentar. Klar, dass der Film *Le Père Noël est une ordure*, wörtlich übersetzt „der Weihnachtsmann ist ein Dreckskerl", nicht in den üblichen Katalog weihnachtlicher Familienfilme passt. Die Metro weigert sich sogar, dafür Werbeflächen zu vermieten: Weihnachten ist ein Sakrileg! Manche Kinos haben den Titel etwas „abgepolstert": *Der Weihnachtsmann – nicht der echte! – ist ein Dreckskerl*. Oder: *Der Weihnachtsmann ist ... beinahe ... ein Dreckskerl*. Echter Weihnachtsmann oder nicht, *ordure* oder nicht: Der Film wird ein Triumph. Generationen von Franzosen organisieren Père-Noël-Partys, um die Szenen nachzuspielen.

Mit der gleichen Truppe hat vor allem der Regisseur Patrice Leconte eine ganze Reihe Kultfilme gedreht. Seine berühmten Bronzés-Filme – *Die Strandflitzer* (1978) und *Sonne, Sex und Schneegestöber* (1979) – spielen weit weg von Paris und nehmen die damals aufkommenden Ferienclubs auf den Arm. Seine anderen Filme erzählen vom Leben in einem Viertel wie dem Marais in den 1980er-Jahren. Der Streifen *Viens chez moi, j'habite chez une copine* („Kannst bei mir pennen, ich wohne bei einer Freundin") erzählt die Geschichte des Antihelden Guy (Michel Blanc), der alles, was er hat, immer auch gleich verliert: seine Jobs, seine Wohnung und seine Freundinnen (darunter die Zirkuskünstlerin Adrienne alias Anémone). Er zieht bei seinem Freund Daniel (Bernard Giraudeau) ein, der – wie der Filmtitel verrät – bei seiner Freundin wohnt. Guy zieht seine sperrige Matratze über das Kopfsteinpflaster eines Innenhofs, der an den Hof des Café de la Gare erinnert. Kaum ist er angekommen, richtet er ein absolutes Chaos an: Er schleppt sexbesessene Freundinnen an, verleitet Daniel dazu, eine Kundin seines Bosses zu beklauen und macht sich immer mehr in der Wohnung breit. Nur mit Mühe kann Daniel verhindern, dass seine erstaunlich geduldige Freundin Françoise (Thérèse Liotard) das Weite sucht.

Nicht weit von der Rue des Archives entfernt, biege ich in die Rue des Rosiers ein. Hier herrscht ein ganz anderes Ambiente: Die jüdische Buchhandlung Chir Hadach am Anfang der Straße, 52 Rue de Rosiers, verkauft Talmud-Ausgaben, Tora-Texte, Chanukkah-Bedarf und Kinderbücher. Um die Ecke ist eine israelitische Mädchen-Schule, bei Sacha Finkelsztajn, 27 Rue des Rosiers gibt es Strudel, und aus dem jüdischen Berufsgymnasium ganz in der Nähe kommen junge Männer mit Kippa. Die Falafel-Restaurants dieser Straße sind keine Touristenfallen. Das wohl bekannteste, das L'As du Falafel, 34 Rue des Rosiers, verweist darauf, dass es unter „der Kontrolle des Beth Din" arbeitet: eine höhere Instanz, die über koscheres Essen wacht.

Ich kaufe mir eine leckere mit Falafel-Bällchen, Rohkost und Sesamsoße gefüllte Teigtasche. Während ich mich auf eine Mauer setze, denke ich an *Die Abenteuer des Rabbi Jacob*. In der schwarzen Komödie von Gérard Oury spielt der französische Komikstar Louis de Funès den rassistischen und antisemitischen Großindustriellen Monsieur Pivert. Dieser wird infolge einer Verwechslung sowohl von der Polizei als auch von Auftragskillern eines ominösen arabischen Landes gesucht. Um seinen Verfolgern zu entkommen, verkleidet er sich als Rabbiner und landet genau hier, an diesem Ort, wo ich jetzt mit meiner Falafel sitze: in der Rue des Rosiers. Pivert, jetzt als falscher Rabbiner, wird von der jubelnden Menge zu einer Bar-Mizwa-Feier empfangen. Mit Witz und Tücke schafft er es, nicht entlarvt zu werden, improvisiert traditionelle Tänze und hält Ansprachen zu Ehren der Herren Rosenfeld und Rosenblum – die Namen entdeckt er auf den Schildern der Delikatessenläden. Der Film trägt dick auf und überschreitet aus heutiger Sicht möglicherweise die Grenze des politisch Korrekten. Im Frankreich der Siebzigerjahre aber hat er enormen Erfolg und gilt als Höhepunkt der Karriere von de Funès. Auch in Deutschland und anderen Ländern hat er ein großes begeistertes Publikum, 1975 wird er für den Golden Globe in der Kategorie „Bester fremdsprachiger Film" nominiert. Was man dem Film zugutehalten muss: Er nimmt alle gleichermaßen auf den Arm. Louis de Funès landet nach vielem Hin und Her auf einer sehr katholischen Feier, der Hochzeit seiner eigenen Tochter. Er bekommt dort den Spiegel seines eigenen Rassismus vorgehalten und feiert am Ende mit seinen neuen jüdischen Freunden die Fortsetzung der Bar Mizwa.

Vor dem L'As du Fallafel steht inzwischen ein Herr, der Rabbi Jacob zum Verwechseln ähnlich sieht: Er trägt einen schwarzen Hut, einen langen Bart und Pejes, die Schläfenlocken, und diskutiert mit dem Restaurantinhaber über Sabbat-Vorschriften. Ich stehe auf, wandere weiter durch die Rue des Rosiers und denke plötzlich an den Schtreimel, einen Pelzhut, den der falsche Rabbi Jacob als Ehrengabe erhält. Als Louis de Funès in Verkleidung auf der Hochzeit seiner Tochter landet, hat die pikierte Mutter des Bräutigams genau so einen Pelzhut auf dem Kopf. Hier aber ist es der extravagante Hut einer Bourgeoise. Jeder und jedem seinen Pelzhut also. Vielleicht ist der Film doch noch zeitgemäß – als eine Hommage an den bunten Mikrokosmos des Marais.

Ein Rendezvous habe ich noch in diesem Viertel: und zwar in der Mission cinéma, der Kinoabteilung der Stadt Paris in der 55 Rue des Francs Bourgeois. Michel Gomez ist dort der „Monsieur Cinéma" der Stadtverwaltung und für die Drehgenehmigungen zuständig. Er empfängt mich herzlich in seinem Büro und präsentiert mir gleich ein wahres Zahlenfeuerwerk: Jeden Tag werden in Paris ungefähr zwanzig Filme gedreht, und wenn man kleine Drehs mit weniger als zehn Personen dazurechnet, vergibt er pro Jahr 2 000 Drehgenehmigungen.

„Die Anzahl der Filme sagt eigentlich nicht viel aus", erklärt er und dreht sich auf seinem großen Schreibtischsessel hin und her, „wir rechnen nach Drehtagen. Manche Teams drehen nur zwei Tage lang in Paris, andere zwanzig Tage oder länger. Insgesamt sind das dann 5 000 Drehtage pro Jahr. Und hier rede ich von Filmen mit einem großen Team, das können auch Fernsehfilme sein, Serien oder Werbungen." Michel erzählt mir weiter, dass jährlich 100 bis 130 Kinofilme in Paris gedreht werden, darunter 20 bis 30 ausländische Produktionen. Er kommt ins Schwärmen, spricht vom Regisseur Cédric Klapisch und dessen einzigartiger Kunst, die Seele eines Viertels und seiner Bewohner einzufangen. Und von seinen Lieblingsfilmen, wie *Midnight in Paris* von Woody Allen.

„Das war ein komplexer Dreh", erinnert sich Monsieur Cinéma. „Das Meiste fand nachts statt, und ständig mussten wir das Kopfsteinpflaster der Gassen begießen, damit es im Licht der Straßenlaternen und Scheinwerfer schimmerte." Auch den 2021 erschienenen Film *Wo in Paris die Sonne aufgeht* von Jacques Audiard kann er wärmstens empfehlen. Verweigert er machmal auch eine Drehgenehmigung? „Nie! Wir sind keine Zensoren", sagt Michel mit Nachdruck. „Unsere Rolle ist es, Filme möglich zu machen. Wir helfen dabei, Drehs zu organisieren. Manchmal ist das kompliziert: Straßen müssen gesperrt, für historische Filme das zeitgenössische urbane Mobiliar, Straßenschilder, Bänke und so weiter entfernt werden. Oder ein Filmteam benötigt einen menschen- und autoleeren Place de la Concorde für einen historischen Film mit Kutschen. Wir haben gesagt: In Ordnung, aber das geht nur im August, wenn die Pariser im Urlaub sind, und sonntagmorgens, wenn kaum jemand unterwegs ist."

Auf meine letzte Frage, ob er selbst oft bei Drehs dabei sei, schüttelt er jedoch den Kopf. Bloß nicht stören, sagt er: „Dreharbeiten sind höchst kompliziert. Bei großen Drehs sind hunderte Techniker und Statisten involviert. Können Sie sich vorstellen, was da eine Drehminute kostet? Dort dazwischenzufunken, das ist wirklich nicht unser Job. Außerdem wissen Sie nie, in welche Situation Sie da hineingeraten. Sind die Dreharbeiten im Verzug? Hat es geregnet, obwohl kein Regen eingeplant war?"

Auf dem Weg nach draußen sehe ich, dass die Sonne scheint. Gleich hier befindet sich der Jardin des Archives nationales, eine ruhige Oase mit Gartenanlagen und Bänken zum Entspannen inmitten des 3. Arrondissements. Daneben verläuft die Rue Vieille du Temple, eine Fußgängerzone mit kleinen süßen Läden. Von dort mache ich noch einen Schlenker durch die Rue de Bretagne, in der viele in Frankreich sehr bekannte Regisseure und Schauspieler wohnen: Olivier Assayas, Leïla Bekhti, Cédric Kahn, Pascal Bonitzer ... Vielleicht läuft mir jemand von ihnen über den Weg?

Charles Laughton als Glöckner von Notre-Dame im gleichnamigen Film von William Dieterle, 1939

Selbstmord und Liebe
Das Viertel um Notre-Dame und Pont Neuf

Das Filmgeschäft: Das ist Glanz und Glamour, aber vor allem Durchhaltevermögen und kein Lockerlassen! Die ab 2015 ausgestrahlte französische Serie *Call My Agent!* zeigt das eindrücklich. Die fiktive Filmstar-Agentur ASK hat ihren Sitz in der 149 Rue Saint-Honoré, im schicksten Teil von Paris zwischen dem Louvre und der Brücke Pont Neuf. Juliette Binoche, Cécile de France, Isabelle Huppert, Nathalie Baye, Isabelle Adjani, Fabrice Luchini, Jean Dujardin und Jean Reno gehen hier ein und aus. Die Besonderheit der Serie: Die echten Kinostars spielen sich selbst mit viel Humor und Selbstironie.

In ihren eleganten Büros leisten die Agenten Knochenarbeit und müssen mit Enttäuschungen fertigwerden. In den ersten Szenen der Serie bekommt Agent Gabriel Sarda (Grégory Montel) eine SMS: Seine Lieblingsschauspielerin Cécile de France wird doch nicht für den neuen Film von Tarantino genommen. Man habe letztendlich entschieden, sie sei zu alt für die Rolle. Und das nach einem Jahr Hin und Her zwischen Paris und Los Angeles, Reit- und Englischstunden! Wie soll er das nur seinem Schützling beibringen? Und das in einer derart kritischen Lebensphase? Cécile de France ist gerade vierzig geworden. Für eine Schauspielerin sei das wie sechzig, sagt der Agenturchef Samuel Kerr (Alain Rimoux) abgebrüht. Eine der Assistentinnen hält es nicht mehr aus, sie bricht zusammen und wirft das Handtuch. Sofort wird die blutjunge Camille Valentini (Fanny Sidney) eingestellt, die wiederum die uneheliche Tochter des bissigsten aller Agenten ist, von Mathias Barneville (Thibault de Montalembert). Sie bittet ihren Vater um Hilfe bei der Jobsuche im Filmbereich. „Die Filmindustrie, das ist ein Haifisch-Milieu." Mit dieser Weisheit verabschiedet er seine Tochter und drückt ihr ein paar Banknoten in die Hand. Doch Camille lässt sich nicht so einfach abservieren: Sie lügt das Blaue vom Himmel, um von der Agentin Andréa Martel eingestellt zu werden. „Sind Sie bereit, um 4 Uhr morgens, am Wochenende, zu jeder Tages- und Nachtzeit angerufen zu werden? Fast nie abends frei zu haben?", fragt Andréa. „Ja", antwortet Camille, und diesmal ist sie ehrlich.

Ein Kollege führt sie durch die Agentur und gibt ihr gleich einen Tipp mit auf den Weg: „Die Öffnung eines Atomkraftwerks im Iran ist juristisch weniger kompliziert als ein Vertrag mit einem Filmstar."

Die ursprünglich im französischen Fernsehkanal France 2 ausgestrahlte Serie ist mittlerweile in über hundert Ländern auf Netflix oder Amazon Prime zu sehen. Auch die Amerikaner lieben den *french touch* – und belohnen 2021 den Erfolg mit einem Emmy.

Die Agenten in der Serie leisten also schwere Arbeit, aber das Leben der Stars ist nicht weniger hart. So ist Isabelle Huppert ständig in Aktion, dreht zwei Filme gleichzeitig, obwohl ihre Verträge das eigentlich untersagen, und muss deshalb alle möglichen Tricks anwenden. Juliette Binoche soll indes die Internationalen Filmfestspiele von Cannes eröffnen und akzeptiert ein Kleid voller Federn und Rüschchen, obwohl es absolut nicht ihrem Stil entspricht. In Cannes muss sie einem aufdringlichen Verehrer entkommen, verheddert sich in ihrem komplizierten Kleid, stürzt, erscheint mit zerwühlter Frisur und rettet schließlich alles durch eine feministische Ansprache. Nach langen Standing Ovations entflieht sie dem glamourösen Empfang, setzt sich mit einer Pizza auf ihr Hotelbett und sieht fern. Ein Leibwächter steht vor der

Tür ihrer Suite, um ungebetene Gäste abzuwimmeln. Sie lädt ihn ein, die Pizza mit ihr zu teilen. Dem mächtigen Belästiger gegenüber ist sie kompromisslos, zu den Machtlosen großzügig.

Auch die echte Juliette Binoche ist auf ihre Art kompromisslos. Ihre Bereitschaft, als Schauspielerin alles zu geben, macht sie fast drei Jahrzehnte vorher zur idealen Interpretin der langsam erblindenden Malerin Michèle Stalens in *Die Liebenden von Pont-Neuf* (Leos Carax, 1991). Erzählt wird die Geschichte zweier obdachloser Männer, Alex (Denis Lavant) und Hans (Klaus Michael Grüber), die auf dem Pont Neuf leben. Ihre tägliche Routine wird gestört, als die Malerin Michèle auftaucht.

Die Brücke Pont Neuf, übrigens gleich um die Ecke der fiktiven Filmstar-Agentur, ist jedoch nur das Symbol: Der Dreh findet hunderte Kilometer von hier in der südfranzösischen Camargue statt, in einer nachgebauten Pariser Kulisse. Die Kosten für die Absperrung der Brücke wären astronomisch gewesen, aber auch die gigantische Rekonstruktion kostet ein Vermögen. Der ganze Film ist eine unglaubliche Geschichte der Hartnäckigkeit: Um sich auf ihre Rolle vorzubereiten, setzt sich Juliette Binoche als Bettlerin auf die Straße und schläft in Obdachlosenheimen. Dann verletzt sich Hauptdarsteller Denis Lavant im entscheidenden Moment an der Hand und alles kommt zum Stillstand. Produzenten gehen pleite, Geldgeber springen ab. Die Dreharbeiten dauern drei Jahre und müssen dreimal für längere Zeit unterbrochen werden, die Kosten sind fünfmal so hoch wie das ursprünglich veranschlagte Budget, und am Ende ist ein Regisseur vom Wunderkind zum Verdammten abgestiegen.

Doch Leos Carax und sein Team lassen nicht locker, sie überwinden alle Hindernisse. Sie glauben daran, dass auch die wildesten Träume Wirklichkeit werden können. *Die Liebenden von Pont-Neuf* kommt auch dank ihrer Hartnäckigkeit 1991 in die Kinos. Und die Zuschauer können erleben, wie Paris und die *Liebenden* den 200. Jahrestag der Französischen Revolution feiern: mit einem Feuerwerk über der Seine und einer Fahrt mit einem gestohlenen Motorboot, vorbei an den in der Dunkelheit leuchtenden Monumenten der Stadt.

Der Pont Neuf verbindet die beiden Seine-Ufer mit der Insel Île de la Cité, auf der die Kathedrale Notre-Dame de Paris thront. Und eine Figur der Literatur- und Theatergeschichte gehört zu ihr wie der mächtige Glockenturm selbst: der Glöckner von Notre-Dame des 1831 erschienenen Romans von Victor Hugo. Bereits 1905 verfilmt die Filmpionierin Alice Guy-Blaché den literarischen Stoff, der Film heißt *La Esmeralda*, nach der schönen Zigeunerin, in die sich der buckelige Glöckner Quasimodo unsterblich verliebt. Und zwar so sehr, dass er nicht aufgibt, wenn es darum geht, die bedrohte Esmeralda zu retten. Seit 1905 haben viele, viele Versionen des Stoffs das Licht der Welt bzw. des Kinosaals erblickt. Die bekannteste von ihnen ist möglicherweise der Zeichentrickfilm von 1996. In der Disney-Version von *Der Glöckner von Notre Dame* erwacht die Kathedrale zum Leben, und die Wasserspeier auf den Türmen sind Quasimodos Ratgeber. Aus anderen Gründen eindrucksvoll ist die Verfilmung von William Dieterle aus dem Jahr 1939. Charles Laughton spielt darin den entstellten Quasimodo, der geschwind und geschickt an der Fassade der Notre-Dame hochklettert, um Esmeralda (Maureen O'Hara) zu retten. Auch hier scheint die riesige Kathedrale nicht aus Stein zu sein, sondern ein organisches, lebendiges Wesen, das dem Buckeligen hilft, die Fassade zu erklimmen. Der Richter Jean Frollo (Cedric Hardwicke) rast derweil im Inneren durch die Gänge und über die Treppen: Er will Esmeralda töten. Der Schöne ist hier der Böse, der Hässliche der Gute. Manche sehen in Dieterles Film eine Metapher. „Die berühmte Schlussszene", schreibt ein Filmkritiker in *Paris au Cinéma*, „zeigt den Buckeligen frei und unerreichbar, auf dem Glockenturm der Kathedrale, gefilmt von einem Deutschen, der vom Nationalsozialismus zur Emigration gezwungen wurde."

Anderen Filmprotagonisten gelingt diese Befreiung nicht, und die Notre-Dame wird zum Symbol ihres Endes. So geschieht es auf absurde Weise im Kultfilm *Die fabelhafte Welt der Amélie*. In einer Schlüsselszene stürzt sich eine Selbstmörderin vom Dach der Kathedrale, gerade als die kleine Amélie mit ihrer Mutter davorsteht. Die Selbstmörderin fällt auf die Mutter und tötet sie, sodass das Mädchen mit dem tristen Vater zurückbleibt.

Selbstmord und Liebe – die Seine, die an der Notre-Dame träge vorbeifließt, kennt beides gleichermaßen. Die gepflasterten Uferpromenaden sind ein idealer Ort für Lebensmüde. In Jean Renoirs Satirefilm *Boudu – aus den Wassern gerettet* (1932) spielt der unverwechselbare Dreißigerjahre-Star Michel Simon die Hauptrolle: einen lebensmüden Clochard, wie man es damals in Paris nannte, einen Stadtstreicher, der sich in die Seine stürzt und von einem bourgeoisen Philanthropen gerettet wird. Jener nimmt ihn in seine Familie auf und bringt ihm Manieren bei, sogar das Dienstmädchen soll er heiraten. Einer friedlichen, wohligen Zukunft steht nichts im Wege. Doch bereits auf dem Hochzeitskahn macht sich Boudu erneut durch die Fluten davon.

Über sechzig Jahre später ist Vanessa Paradis drauf und dran, sich in die Seine zu stürzen: in dem Film von Patrice Leconte *Die Frau auf der Brücke* (1999). Die Brücke Passerelle Debilly, von der sie springen will, befindet sich im Westen von Paris. Ein Messerwerfer (Daniel Auteuil) spricht sie an: Ob sie nicht seine Partnerin werden wolle, da ihr Leben ihr so wenig wichtig sei? Doch sie springt. Der Messerwerfer rettet sie, und gemeinsam treten sie schließlich in Europas Casinos auf.

Auf der Île de la Cité, 36 Quai des Orfèvres, ganz in der Nähe der Notre-Dame, befindet sich bis 2017 auch die Direktion der Pariser

Kriminalpolizei. In *Kommissar Maigret stellt eine Falle* von Jean Delannoy (1958) hält Jean Gabin als korpulenter Maigret mit Pfeife und gestreifter Krawatte erst einmal den Hauptverdächtigen eines Mordes in diesem berüchtigten Polizei-Hauptquartier fest – doch dann passiert erneut ein Mord, was die Schuld des Mannes in Frage stellt.

Kaum ein Stoff ist so oft verfilmt worden wie der Kommissar Maigret, der zu Paris gehört wie die Pfeife zu ihm. Der Krimiautor Georges Simenon hat an die 100 Romane und Erzählungen über ihn verfasst, und viele berühmte Regisseure von Jean Renoir bis Claude Chabrol haben sie verfilmt.

Auch Jean Delannoy hat – übrigens neben einem Film über den Glöckner von Notre-Dame – einige der Maigret-Romane verfilmt, Michel Audiard die Dialoge geschrieben. „Es ist kein Zufall", sagt Audiard, „wenn so viele von Simenons Romanen für das Kino adaptiert wurden. Wenn auch nur ein Drehbuchautor Simenons Talent hätte, dann hätte sich das schon längst rumgesprochen." Was nicht heißt, dass Audiard Simenons Dialoge so einfach hätte übernehmen können. „Beim Lesen sieht alles gut aus. Aber wenn Sie es laut sagen, klingt es absolut falsch."

Am Quai des Orfèvres beginnt auch der Film *36 tödliche Rivalen* von Olivier Marchal, der im Original sogar den Namen dieses besonderen Ortes trägt: *36 Quai des Orfèvres*. Regisseur Marchal ist ein ehemaliger Polizist und dreht die Geschichte aus der Insiderperspektive. Der Film beginnt mit vermummten Gestalten, die im Dunkel der Nacht das typisch blaue Straßenschild mit der Aufschrift *Quai des Orfèvres* abschrauben. Beinahe werden sie von einer Polizeistreife gefasst. Am Ende stellt sich heraus: Die Gestalten sind selbst Mitarbeiter der Kriminalpolizei, das Straßenschild ist das Abschiedsgeschenk an einen Kollegen, der versetzt wird. Zwei Stars spielen die beiden Kommissare, die sich zutiefst hassen: Gérard Depardieu und Daniel Auteuil. Sie sollen die Kriminellen fassen, die hinter spektakulären Überfällen auf Geldtransporte stecken. Der Fall endet für alle Beteiligten tragisch – und in einigen Fällen auch tödlich.

Doch die Seine ist nicht immer dunkel und unheilsträchtig. Am allerbesten eignet sie sich immer noch als Kulisse für Liebesschwüre. Dann glitzern die tausend Lichter der Stadt in ihr, wenn sich Leslie Caron und Gene Kelly in *Ein Amerikaner in Paris* endlich küssen. Und sie bringt sogar Ex-Eheleute zum Tanzen, wie in Woody Allens Musical von 1996 *Alle sagen: I love you*. Der Kultregisseur liebt es, mit Klischees zu spielen. In *Midnight in Paris* (2011) packt er Liebe und Selbstmord sogar in eine Szene: Gil (Owen Wilson) will gerade Adriana (Marion Cotillard) küssen, da entdecken sie ein paar Meter entfernt Zelda Fitzgerald (Alison Pill), die sich in den Fluss stürzen will. Im letzten Moment gelingt es dem Paar, sie vor einem tragischen Filmtod zu bewahren.

Lange vor Woody Allen nimmt Stanley Donen in seiner Komödie *Charade* (1963) Pariser Klischees auf die Schippe: Audrey Hepburn und Cary Grant fahren in einem Touristenboot über die Seine. Und wo immer auch die Scheinwerfer hinleuchten, ist ein küssendes Liebespaar zu sehen.

Omar Sy als Assane Diop in der Netflix-Serie *Lupin*, 2021

Paris kann nicht zerstört werden
Ein Museum unter freiem Himmel: Louvre, Palais Royal, Jardin des Tuileries, Place de la Concorde, Assemblée Nationale

Der Place de la Concorde, der Louvre, das Parlamentsgebäude Assemblée Nationale und die Oper – die legendären Pariser Monumente sind als Schwarzweißfotos an Drähte geklemmt. Wir schreiben den 24. August 1944. Im Keller des Pariser Parlaments ist ein deutsches Sprengkommando kurz davor, einen wahnsinnigen Plan in die Tat umzusetzen. Der Befehl kommt von ganz oben. Die Alliierten rücken näher, und Hitler will, dass die schönste Stadt der Welt dem Erdboden gleich gemacht wird: „Paris darf nicht oder nur als Trümmerfeld in die Hand des Feindes fallen." General Dietrich von Choltitz hat das Kommando, in seiner Suite im Luxushotel Le Meurice, 228 Rue de Rivoli bespricht er mit seinem Stab die letzten Schritte, um den Zerstörungsplan in die Tat umzusetzen.

Volker Schlöndorff erzählt in *Diplomatie* (2014) die Ereignisse dieser Nacht. In seiner Version erscheint der schwedische Konsul Raoul Nordling überraschend in der Hotelsuite des deutschen Generals, um diesen von dem entsetzlichen Vorhaben abzubringen.

Ob das nun der Wahrheit entspricht oder ob von Choltitz aus anderen Gründen Hitler den Gehorsam verweigert hat: Sicher ist, dass dieser grandiose Film die Spannung fast unerträglich werden lässt. Sprengt er, sprengt er nicht? Natürlich wissen wir, dass Paris gerettet wird, dennoch fiebere ich mit. Die Zerstörung von Paris? Nicht auszudenken!

Das hätte auch bedeutet: keine Paris-Filme mit dem Eiffelturm, dem Louvre oder dem Place de la Concorde als Kulisse. Paris ohne Monumente, ohne alte Straßen und Gassen, ohne eine Atmosphäre, wie wir sie aus späteren Filmen kennen. Und auch keine deutsch-französische Freundschaft, jedenfalls keine so innige.

Schlöndorffs Film basiert auf dem gleichnamigen Theaterstück von Cyril Gély, das 2011 im Théâtre de la Madeleine, 19 Rue de Surène uraufgeführt wird. Gély und Schlöndorff adaptieren es für den Film. Neben dem General und dem Konsul ist die Stadt selbst die dritte Protagonistin: immer präsent, sichtbar, greifbar. Von Choltitz hat aus seinem Hotelfenster einen ausgezeichneten Blick auf Paris, das wie ein Museum unter freiem Himmel erscheint. Der Eiffelturm schwebt majestätisch am Horizont, die Stadt schimmert im Schein der Augustsonne. Am Abend wird dann der perfide Zerstörungsplan besprochen. Ein französischer Architekt, dem man seinen Schmerz und seine Qualen ansieht, rollt in der Hotelsuite Stadtpläne aus. Er erklärt, was passiert, wenn die Minen in Paris explodieren: Die Seine würde über die Ufer treten, die Stadt unter Wasser setzen und hunderttausende Pariser Zivilisten müssten sterben.

Der General und der schwedische Konsul liefern sich die ganze Nacht hindurch ein gewaltiges Wortgefecht. Der Deutsche scheint ins Wanken zu kommen – auch er ist inzwischen von Hitlers Wahnsinn überzeugt, aber er bangt um seine Familie in Deutschland. Für sie fürchtet er Repressalien, Gefängnis oder die Todesstrafe, wenn er den Gehorsam verweigert. Sein Befehl an das Sprengkommando zögert sich hinaus, und bis zum letzten Augenblick ist ungewiss, wie von Choltitz sich entscheidet. Am nächsten Morgen funktioniert endlich die Funkverbindung zum Sprengkommando. Vom Dach des Luxushotels aus gibt der General seinen letzten Befehl, die Stadt Paris liegt ihm in all ihrer Pracht zu Füßen ... Er befiehlt, die Operation abzusagen.

Ein deutscher Regisseur, der die Geschichte der Befreiung von Paris erzählt: Schlöndorff ist hier ganz in seinem Element, Paris ist auch seine Stadt. Mit nur sechzehn Jahren ist er für einen Schüleraustausch nach Frankreich gekommen und geblieben. Er macht auf dem Elitegymnasium Henri IV (dort, wo auch Vic in *La Boum – Die Fete* zur Schule geht) sein Abitur, studiert in den 1950er-Jahren in Paris und geht vor allem täglich, manchmal sogar mehrmals, in die Cinémathèque française (damals noch in der Rue d'Ulm, heute in der Rue de Bercy). Dort macht er Bekanntschaft mit den Regisseuren der Nouvelle Vague. Er schafft die Aufnahme auf die Filmhochschule Institut des hautes études cinématographiques (IDHEC), geht dann aber doch nicht hin: Louis Malle engagiert ihn 1960 als Regieassistenten für *Zazie,* später arbeitet er für Filme von Jean-Pierre Melville und Alain Resnais. Noch heute behauptet Schlöndorff, er kenne Paris besser als ein Taxifahrer.

Die dramatischen Ereignisse um die Befreiung von Paris erzählt auch der 1966 erschienene Film *Brennt Paris?* von René Clément. Hier spielen Orson Welles den Konsul Raoul Nordling und Gert Fröbe den General von Choltitz. Der damalige Staatspräsident und ehemalige Anführer des Widerstandes, Charles de Gaulle, tut alles, um die Dreharbeiten zu unterstützen. Er stellt allerdings die Bedingung, dass die Amerikaner im Drehbuch eine Nebenrolle spielen sollen. Der Film endet schließlich mit Hitlers Frage am Telefon: „Brennt Paris?" Er bekommt keine Antwort.

Die Filmemacher aber huldigen der geretteten Schönheit. Der Louvre, der Place de la Concorde, die Kirche La Madeleine, die Assemblée Nationale ... Das sind die Schauplätze unzähliger Filmszenen. Fast scheint es, als hätten die Plätze, Gebäude, Monumente in Paris die Dramatik der Nacht im August 1944 in sich gespeichert.

Spektakulär geht es oft im Louvre zu. Die Erfolgsserie *Lupin* beginnt mit nervenaufreibenden Szenen im größten Kunstmuseum der Welt. „Ihr geht als Putzmänner in den Louvre hinein und kommt als Millionäre wieder heraus", sagt Omar Sy alias Assane Diop zu seinen vermeintlichen Komplizen. Dabei ist er der Einzige, der als Millionär das Museum verlassen wird: Es gelingt ihm, das wertvolle, auf 60 Millionen Euro geschätzte Collier der Königin Marie Antoinette bei einer Versteigerung zu entwenden. Der schlaue Meisterdieb trickst alle aus: Seine Pseudo-Komplizen werden bei einer rasanten Verfolgungsjagd mit dem falschen Halsband festgenommen, und ihr Luxusauto fährt direkt in die umgedrehte Glaspyramide. Das echte Diamantenhalsband aber wirft Assane Diop unbemerkt in einen Mülleimer des Louvre und fischt es dann ebenso unbemerkt wieder heraus.

Ein Team von Regisseuren prägen die Serie, darunter Marcela Said, Ludovic Bernard, Hugo Gélin und Louis Leterrier. Sie haben in und um den echten Louvre gedreht: im Cour Napoléon, auf dem Place du Carrousel, vor der Glaspyramide des Architekten Ieoh Ming Pei, in der Grande Galerie des Museums, in den roten Sälen – und vor vielen weltberühmten Gemälden.

Der Louvre ist ebenfalls Mittelpunkt der rasanten Szenen in *The Da Vinci Code – Sakrileg*. Ron Howard verfilmt 2006 den Bestseller-Roman *Sakrileg* von Dan Brown. Professor Robert Langdon, gespielt von Tom Hanks, ist ein renommierter Spezialist für Symbole. Er wird von der Polizei in den Louvre gerufen, weil dort der Kurator unter mysteriösen Umständen ermordet wurde. Doch der Tote hat eine Botschaft für seine Enkelin Sophie Neveu (Audrey Tautou) hinterlassen, die es zu entschlüsseln gilt. Bald gerät Robert Langdon selbst in Verdacht und muss mit Tricks und der Hilfe von Sophie die Polizei abhängen. So wirft er zum Beispiel seinen GPS-Sender aus dem Fenster auf ein vorbeifahrendes Fahrzeug, dem die nichtsahnende Polizei über die Brücke Pont du Carrousel folgt. Der rasant erzählte und gedrehte Film führt die Protagonisten bis nach London – und am Ende wieder zurück in den Pariser Louvre. In der Schlussszene kniet Langdon vor der großen Pyramide, wo er durch eine Eingebung das Rätsel um Maria Magdalena entschlüsselt. Im Gegensatz zu den anderen Kunstwerken und Schätzen, die es im Louvre zu bestaunen gibt und die Langdon mit Sophie zum Teil auch unter die Lupe nimmt, bleibt diese Entdeckung aber im Reich der Phantasie.

Direkt gegenüber des Louvre befindet sich der Palais Royal, 8 Rue de Montpensier, in dem lange Zeit Adelige wohnten und der heute den Staats- und den Verfassungsrat, das Kulturministerium und das berühmte Pariser Theater Comédie-Française beherbergt. Die langen Säulengänge des Palais Royal eignen sich hervorragend für Verfolgungsjagden, so auch in *Charade* von Stanley Donen: In der turbulenten Krimi- und Liebeskomödie kommt Cary Grant unter verschiedenen Identitäten Audrey Hepburn näher. Die britisch-niederländische Schauspielerin spielt eine Dolmetscherin, Regina Lampert, deren Mann unter mysteriösen Umständen verschwunden ist. Nun sind zwielichtige Gestalten hinter ihr und dem unauffindbaren Vermögen her, das Reginas Mann angeblich versteckt hat. Keiner weiß jedoch wo. Sie verliebt sich in Cary Grant alias Peter Joshua, wie er anfangs heißt, aber kann sie ihm wirklich trauen? Oder ist er selbst ein gefährlicher Killer? Stanley Donens Film ist gespickt mit Referenzen an Hitchcock: Es gibt einen Mord unter der Dusche wie in *Psycho*, einen Kampf auf den Dächern von Paris wie in *Vertigo*, dazu das ständige Misstrauen. Hier, im Säulengang des Palais, erreicht die Spannung schließlich ihren Höhepunkt: Dramatische Musik untermalt die Verfolgungsjagd. Cary Grant verfolgt Audrey Hepburn, die Kamera jagt jenseits der Säulen hinter ihnen her. Alles erscheint abgehackt, als würden diese Bilder die beiden Möglichkeiten nochmals im Staccato-Rhythmus präsentieren: Peter Joshua ist entweder Retter oder Mörder.

Am Ende des Säulengangs erscheint nun der einzige Mann, an dessen Vertrauenswürdigkeit es nie Zweifel gab, weil er Regina in der US-Botschaft empfangen hat: CIA-Agent Hamilton Bartholomew. Doch ist er wirklich der, den er vorgibt zu sein? Und plötzlich wird es so richtig aufregend: Schusswechsel zwischen den Säulen, hinter denen mal Joshua, mal Bartholomew auftaucht. Regina flüchtet in die Comédie-Française, die sich in diesem Gebäudeteil des Palais Royal befindet, und versteckt sich im Souffleurkasten. Um ein Haar nimmt alles ein fatales Ende – wäre da nicht Cary Grant. Alles wird gut, der Böse ist besiegt, und Cary Grant und Audrey Hepburn fahren in einem Taxi über den Place de la Concorde davon. Der Film endet, wie es sich gehört: mit dem ersehnten Heiratsantrag.

In dem gleichen prächtigen Viertel ist auch Gil in *Midnight in Paris* von Woody Allen unterwegs. Auch er ist auf der Suche nach der Liebe, wenn auch anfangs eher versteckt. Erst einmal sieht es so aus, als habe er sie bereits gefunden: Im Luxusrestaurant Le Grand Véfour, 17 Rue de Beaujolais speist Gil mit seiner Verlobten Inez (Rachel McAdams) und seinen Schwiegereltern. Plötzlich taucht ein Widersacher auf, aber nicht mit Pistole wie in *Charade,* sondern mit pseudoklugem Geschwätz: Michael Sheen spielt den nervigen Möchtegern-Intellektuellen Paul Bates, der Inez sehr beeindruckt. Und so wird ein erster Riss in der nur auf den ersten Blick heilen Liebesgeschichte sichtbar. Einen Katzensprung von hier entfernt, im Musée de l'Orangerie am Jardin des Tuileries, wird es nicht besser: Paul gibt sein gesamtes

Lexikonwissen über die Seerosenbilder von Claude Monet zum Besten und bringt Gil zur Weißglut. Und nun landet die Gruppe tatsächlich im Hotel Le Meurice, genau dort, wo sich im August 1944 das Schicksal von Paris entscheidet. Auch bei Woody Allen kommt es hier zum Wendepunkt – weiterhin unterschwellig, erstmal nicht dramatisch: Bei einer vornehmen Weinprobe fühlt sich Gil erneut fehl am Platz. Er beschließt, nicht mit den anderen tanzen zu gehen, sondern allein durch Paris zu spazieren. Als er sich in den Gassen verirrt, passiert es: Er landet in einer anderen Zeitschleife – und findet sich im Paris der 1920er-Jahre wieder. Nach einer aufregenden Nacht, in denen er berühmte Dichter und Künstler trifft, findet er ins Heute zurück. In der eleganten Suite, die er mit seiner Verlobten im Luxushotel Le Bristol, 112 Rue du Faubourg Saint-Honoré bewohnt, träumt er und schreibt seine nächtlichen Abenteuer nieder, während die anderen shoppen gehen.

Die Shoppingparadiese, die Welten des Luxus und der Modedesigner, sind in der Tat gleich nebenan. In derselben Straße wie das Hotel Le Bristol ist in der 38 Rue du Faubourg Saint-Honoré eine der Boutiquen des legendären Modeschöpfers Yves Saint Laurent. Jalil Lespert erzählt im Film *Yves Saint Laurent* (2014) die Geschichte des revolutionären Modeschöpfers, verkörpert von Pierre Niney, der vor allem den schüchternen, in sich gekehrten Yves zeigt, der einerseits im Rampenlicht steht, dessen Leben aber andererseits durch Schaffenskrisen und eine fast zwanzig Jahre dauernde Beziehung zum Geschäftsmann Pierre Bergé (Guillaume Gallienne) geprägt ist.

Auch die großen Kaufpaläste wie Printemps, 64 Boulevard Haussmann und Galeries Lafayette Haussmann, 40 Boulevard Haussmann sind nicht weit weg. Cédric Klapischs erster Langfilm *Kleine Fische, große Fische* (1992) spielt in dem ähnlichen, aber fiktiven Kaufhaus „Les Grandes Galéries". Der prächtige Pariser

Kaufpalast mit dem barocken Stuck steht kurz vor dem Bankrott, und der neue Manager, Monsieur Lepetit (Fabrice Luchini), führt neue Methoden ein: Die Angestellen sollen soziale Bindungen zueinander aufbauen und persönliche Motivationen entwickeln, um den Laden zu retten. Also singen die Mitarbeiter gemeinsam, nehmen an Quizveranstaltungen teil und organisieren sogar ein Bungeespringen für alle. Unterdessen arbeitet Monsieur Lepetit mit einem Coach an seiner Kommunikation und Körpersprache. Er will beides sein: ein moderner Manager, der die neuesten PR-Methoden beherrscht, und eine Art väterlicher Freund, der die natürlichen Talente seiner Angestellten zur Entfaltung bringt. Wundervoll ist vor allem die Szene, in der Verkäufer als Folkloretänzer zwischen den Verkaufsständen auftreten, um in der Vorweihnachtszeit das Shopping-Fieber anzuheizen. Während sie russisch anmutende Tanzschritte ausführen, diskutieren sie – ganz französisch – über Gewerkschaftsfragen.

Noch luxuriöser als Klapischs Les Grandes Galéries sind aber die Geschäfte am Place Vendôme: Louis Vuitton, Rolex, Cartier – hier kaufen Millionäre und Milliardäre ein. Und darum lockt dieser hochelegante Platz, an dem auch das prächtige Hotel Ritz liegt, natürlich Diebe an. In *Perlen zum Glück*, einem Film von Frank Borzage aus dem Jahr 1936, spielt Marlene Dietrich die charmante Betrügerin Madeleine de Beaupre, die am Place Vendôme den bekannten Juwelier Aristide Duvalle (Ernest Cossart) hinters Licht führt und ihm das kostbarste Perlencollier von ganz Paris abtrickst.

Gleich um die Ecke des Platzes ist der legendäre Chanson-Tempel Olympia, 28 Boulevard des Capucines. Hier tritt Marion Cotillard auf, die den Chanson-Star Édith Piaf in *La vie en rose* (2007) verkörpert. Im Film erlebt Piaf genau hier im Olympia ihre Wiederauferstehung. Zuvor ist sie so krank und zittrig, dass sie kaum laufen kann. Zwei Chanson-Schreiber suchen sie am Krankenbett auf und spielen ihr *Je ne regrette rien* vor, ein Chanson über den Neubeginn und das Hinter-sich-Lassen. „Nein, ich bedaure nichts, nicht das Gute, nicht das Schlechte", singen beide der schwerkranken Sängerin vor. „Mit meinen Erinnerungen habe ich ein Feuer angezündet. Heute beginne ich noch einmal ganz von vorn." Marion Cotillard alias Édith Piaf lauscht hingerissen. Sie erkennt sich so sehr in diesem Lied wieder, dass sie erneut Lebensmut fasst. Sie möchte ein letztes Mal auf die Bühne zurückkehren! Zierlich und zerbrechlich steht Édith Piaf schließlich im Olympia. Sie stimmt das Chanson an, ihre Stimme geht durch und durch. Sie verzaubert das Publikum. Tosender Applaus. Gänsehaut.

Als Marion Cotillard die Rolle von Édith Piaf übernimmt, hat sie schon eine zwölfjährige Schauspielkarriere und ein Dutzend Filme hinter sich. Aber mit *La vie en rose* wird sie von heute auf morgen zum internationalen Star. Sie verkörpert Édith Piaf von deren Anfängen als junge Straßensängerin – grölend, ohne Manieren, Liebes- und Sauflieder singend – bis zu ihren letzten Tagen als schwerkranke Frau. Marion Cotillard ist absolut verblüffend: Sie spielt nicht, sie ist Édith Piaf. *La vie en rose* eröffnet im Februar 2007 die Berlinale, Marion Cotillard wird 2008 in Frankreich und den USA mit den höchsten Preisen der Filmbranche ausgezeichnet, dem César und dem Oscar.

Ich spaziere an noch einem Ort vorbei, wo Marion Cotillard gedreht hat – und damit schließt sich wieder ein Kreis: Im eleganten Restaurant Maxim's, 3 Rue Royale verdreht der Filmstar als verführerische Adriana in *Midnight in Paris* dem Zeitreisenden Gil den Kopf. Dieser verliebt sich in die geheimnisvolle Frau aus den Zwanzigerjahren, die Geliebte Picassos.

Am Ende der Rue Royale liegt der Place de la Concorde mit den unverwechselbaren Obelisken. Steht man auf diesem Platz, sieht man auch die beiden griechischen Tempel zu beiden Seiten: rechts die Kirche Église de la Madeleine, Place de la Madeleine am Ende der Rue Royale, links das Parlament, die Assemblée Nationale, von der in Volker Schlöndorffs Film *Diplomatie* so oft die Rede ist. Hier wartet im Keller das Sprengkommando auf von Choltitz' Befehl. Hätte dieser nicht in letzter Minute Hitlers Befehl verweigert, wäre auch die Assemblée Nationale in die Luft gegangen.

François Ruffins Dokumentarfilm *Debout les femmes!*, der das prunkvolle Parlament aus Sicht der dort beschäftigten Putzfrauen zeigt, hätte dann ganz anders ausgesehen. François Ruffin ist eine außergewöhnliche Person in Frankreich. Erst alternativer Journalist und Herausgeber des unabhängigen Magazins *Le Fakir* mit dem Slogan „Die Zeitschrift, die mit allen zerstritten ist", wird er 2017 Abgeordneter im Parlament. Sein Film *Debout les femmes!* (2021, „Frauen, lehnt euch auf!") ist jedoch nicht sein erster: 2015 dreht Ruffin den Dokumentarfilm *Merci Patron!*, die wahre Geschichte einer Arbeiterfamilie, die sich mit dem Boss eines Luxusimperiums anlegt, nachdem Vater und Mutter wegen einer Produktionsverlagerung ihre Jobs verlieren. David gegen Goliath.

Am Ende gewinnt David, und der Film bekommt den César für den besten Dokumentarfilm. 2019 erscheint *J'veux du soleil* („Ich möchte Sonne"), ein Film über die Gelbwestenbewegung und deren Forderungen nach sozialer Gerechtigkeit und Basisdemokratie. Zwei Jahre später dreht François Ruffin mit Gilles Perret dann *Debout les femmes!*, einen Film über seinen Kampf als Abgeordneter für eine angemessene Bezahlung von Pflegerinnen, Putzfrauen und für Begleiterinnen behinderter Kinder. Am Schluss lässt Ruffin diese Frauen in den Plenarsaal der Assemblée Nationale kommen, um selbst das Wort zu ergreifen und eine Abstimmung über das Gesetz zu simulieren. Und so stehen die Putzfrauen des Parlaments, Frauen in einer traditionellen, afrikanischen Tracht namens Boubou, in diesem prachtvollen Ambiente und schildern wortgewaltig ihre prekäre Lage. Ein ungewöhnliches, ein starkes Bild.

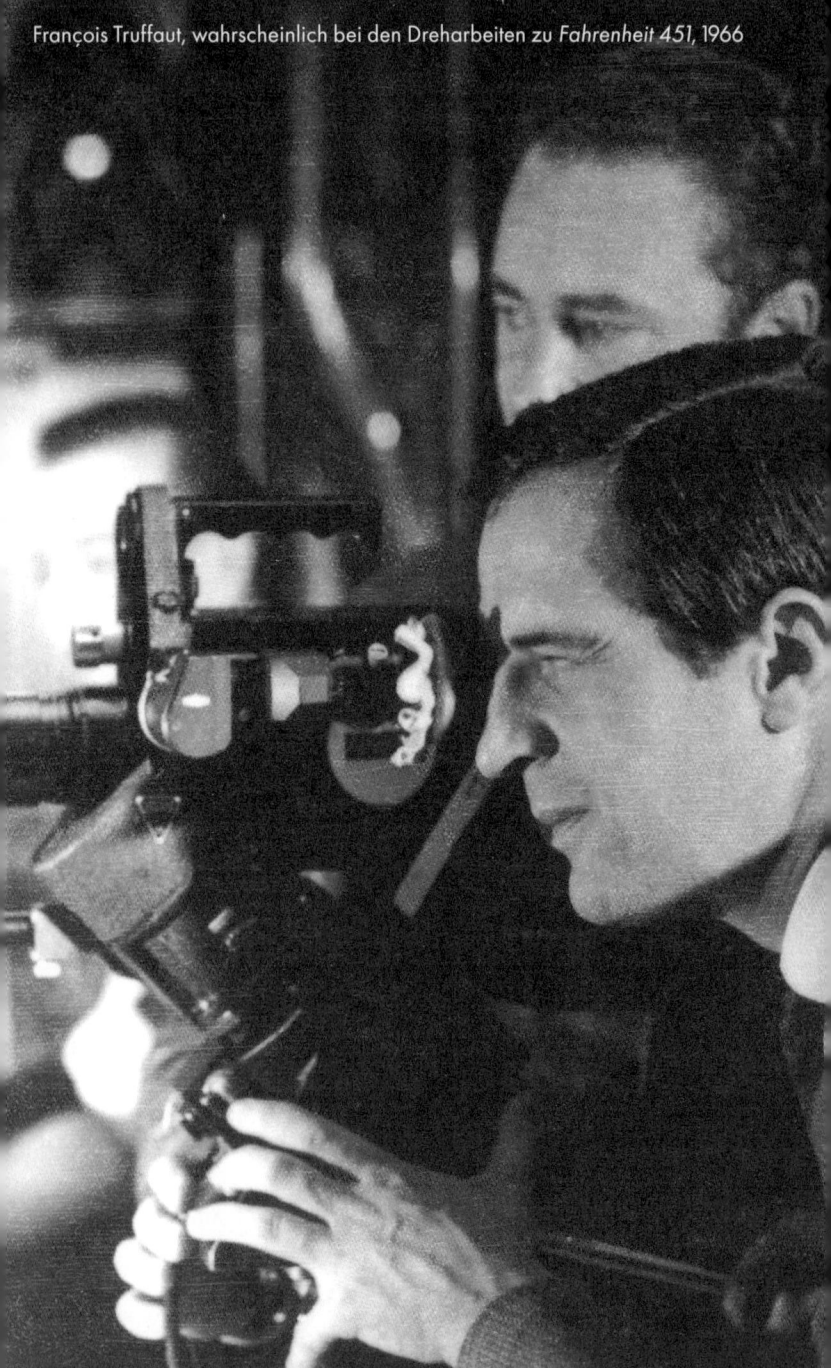
François Truffaut, wahrscheinlich bei den Dreharbeiten zu *Fahrenheit 451*, 1966

Eine Amerikanerin in Paris
Die Nouvelle Vague und die Jazzclubs von Saint-Germain-des-Prés

Katherine, eine junge Amerikanerin, steht auf der Terrasse einer schicken Wohnung in Saint-Germain-des-Prés und ruft begeistert: „Was für ein schöner Ausblick!" Sie beugt sich über die Terrassenbrüstung und blickt auf eine runde Kuppel: Hier im Institut de France, 23 Quai de Conti ist die Académie française untergebracht. In ihr wachen würdige Literaten über die Reinheit der französischen Sprache und achten darauf, dass nicht zu viele Anglizismen in das von der Académie veröffentlichte Wörterbuch eingehen.

Doch die Amerikanerin Katherine kümmert das in diesem Moment wenig, sie ist Protagonistin im Schwarzweißfilm *Saint Germain des Prés* von Jean Douchet aus dem Jahr 1965. Dieser Film ist Teil der Sammlung von Nouvelle-Vague-Kurzfilmen mit dem Namen *Paris gesehen von ...* Katherine hat einen unverkennbaren amerikanischen Akzent, sie ist Kunststudentin und hat gerade die Nacht mit dem jungen Franzosen Jean verbracht, der behauptet, Botschaftersohn und Besitzer dieser eleganten Wohnung in der Rue de Seine zu sein.

Ich spaziere mit dem Filmwissenschaftler Pierre-Simon Gutman durch das Viertel Saint-Germain-des-Prés. Die Nouvelle Vague ist sein Spezialgebiet, und zudem kann er wunderbar erzählen. „In den Nouvelle-Vague-Filmen wimmelt es von Amerikanerinnen, die Regisseure waren absolute Fans von amerikanischen Filmen, und überhaupt von allem, was aus den USA kam."

Eine dieser amerikanischen Protagonistinnen ist auch die legendäre Jean Seberg in *Außer Atem* (1960) von Jean-Luc Godard. In seinem ersten Langfilm zeigt Godard die Stadt Paris außer Atem: Dank Handkameras, leichterer Tonaufnahmegeräte und lichtempfindlicherem Filmmaterial können er und andere junge Filmemacher nun auch ohne künstliches Licht außerhalb der Filmstudios drehen. Und so lassen sie ihre Protagonisten durch Paris spazieren, fahren, tanzen.

Pierre-Simon und ich gehen den Boulevard Saint-Germain entlang. In *Außer Atem* fahren Jean Seberg und Jean-Paul Belmondo alias Patricia und Michel im Auto über den nächtlichen Boulevard. Zu den Jazzklängen des in Algier geborenen französischen Pianisten und Komponisten Martial Solal scheint sich nicht nur die Kamera, sondern auch die in Lichter getauchte Stadt selbst zu bewegen. „Jazz spielt eine wichtige Rolle für das Nouvelle-Vague-Kino", erklärt Pierre-Simon Gutman. „In der Blütezeit von Saint-Germain, in den späten Vierzigern und in den Fünfzigerjahren, war das Viertel die Hochburg des Jazz. Und diese jungen Filmfans, die späteren Regisseure der Nouvelle Vague, verbrachten ihre Nächte in den Jazzclubs von Saint-Germain. Nicht unbedingt, weil sie den Jazz so gern mochten. Sondern weil Jazz damals das Symbol für die amerikanische Kultur war."

Damals tummelt sich eine bunte Schar in den heute meist verschwundenen Clubs des Viertels. In Le Tabou, 33 Rue Dauphine, gehen Jean-Luc Godard und François Truffaut ein und aus, die späteren Star-Regisseure der Nouvelle Vague, aber auch Schauspieler wie Simone Signoret und Yves Montand, Madeleine Renaud und Jean-Louis Barrault, Dichter, Drehbuchautoren und Schriftsteller wie Jacques Prévert und Raymond Queneau. Die Presse entrüstet sich, Le Tabou sei der Mittelpunkt „organisierter Tollerei". Da komme alles zusammen, skandalöse Musik und die dazu passende rebellische Philosophie: der Existenzialismus von Jean-Paul Sartre. Der hat in Saint-Germain-des-Prés seine

Stammlokale. In den Cafés Les Deux Magots, 6 Place Saint-Germain-des-Prés und Café de Flore, 172 Boulevard Saint-Germain schreibt und debattiert Sartre, in den Jazzclubs führt er die Diskussionen bis tief in die Nacht weiter. Einer davon ist der Club Saint-Germain, 13 Rue Saint Benoît, gleich um die Ecke des Café de Flore, ein eleganter Club, in dem Intellektuelle und Stars auf die größten Jazzmusiker treffen: Miles Davis, Charlie Parker, Duke Ellington. Ein anderer ist das Le Vieux Colombier, 21 Rue du Vieux Colombier, wo Claude Luter und Sidney Bechet auftreten. „Jazz und Existenzialismus", sagt Pierre-Simon Gutman, „waren der intellektuelle Nährboden für diese jungen Männer, die späteren Regisseure der Nouvelle Vague. Sie wollten die Kinokultur völlig umkrempeln. Schluss mit der eingefahrenen Bildsprache und dem vorhersagbaren Erzählfluss des herkömmlichen Films! Man nannte sie die jungen Wölfe."

Wir stehen vor dem Café Les Deux Magots. Kellner in schwarzen Anzügen und weißen Schürzen balancieren elegant zwischen den Bistrotischen ihre silbernen Tabletts. Ältere Damen essen Törtchen und plaudern dezent, ein paar Geschäftsmänner trinken eilig einen Espresso und schauen auf ihr Smartphone. Ich versuche mir vorzustellen, wie Sartre und seine Gefährtin, die Philosophin Simone de Beauvoir, hier stundenlang sitzen, rauchen, diskutieren.

Dann spazieren wir weiter den Boulevard Saint-Germain entlang und Pierre-Simon holt aus: Was den „jungen Wölfen" der Nouvelle Vague am Existenzialisms gefalle, sei das Rebellische, dieser Gedanke, dass jeder sich selbst ganz individuell durch sein Handeln definiert. Mit anderen Aspekten haben sie weniger am Hut, zum Beispiel mit dem politisch linken Anspruch von Sartre und de Beauvoir.

„Die Nouvelle-Vague-Regisseure waren rechts", erklärt er. „Rechts?", rufe ich erstaunt. „Natürlich nicht rechts-konservativ. Aber auf jeden Fall nicht links. Zumindest am Anfang", sagt

Pierre-Simon. Er zeichnet mir ein Bild: intellektuelle Bürgersöhne und stürmische Regisseure, die den Individualismus, den Geschwindigkeitskult verherrlichen. Ihr Credo: sich vom Leben holen, was man kriegen kann. „Sie hatten genug von dem Gemeinschaftsmythos der Nachkriegszeit."

Die Nouvelle Vague, das sind Jean-Paul Belmondo oder Alain Delon gegen Gérard Philipe, die unverfrorenen Frauenhelden gegen Kommunisten und Gewerkschaftler. „Chabrol, Godard, Truffaut ... sie alle lehnten sich gegen den linken Humanismus auf, weil sie ihn ästhetisch schwach fanden", sagt Gutman. „Sie waren rechts, weil sie Dandys waren. Nicht aus politischen Gründen! Der Stil war für sie das Einzige, was in einem Film zählt. Bloß keine Botschaft in einem Kunstwerk!"

Ihre Forderungen haben die Vertreter der Nouvelle Vague übrigens davor bereits deutlich zu Papier gebracht. Truffaut, Chabrol, Godard und ihre Mitstreiter sind zuerst Filmkritiker, bevor sie selbst Filme drehen. Im Paris der Nachkriegszeit florieren die Filmzeitschriften, vor allem die *L'Écran français* mit einer Auflage von über 100 000. Das Magazin, in dem Sartre den ein oder anderen Artikel veröffentlicht, steht jedoch den Kommunisten nahe und verteidigt Filme mit humanistischen Botschaften. Es entsteht bereits 1943, die Widerstandsbewegung druckt die Zeitschrift während des Zweiten Weltkriegs heimlich in einem Keller. Daneben gibt es noch die *Ciné Art* – die „Monatszeitschrift der cinematographischen Initiation" – und die *Revue Cités*, Magazine, in denen Truffaut seine ersten Filmkritiken schreibt. Ab 1946 veröffentlicht der berühmte Pariser Verlag Gallimard die *Revue du Cinéma*, drei Jahre später wird sie jedoch wieder eingestellt. 1951 gründen dann einige ihrer ehemaligen Redakteure das Kinomagazin, das zur Wiege der Nouvelle Vague werden sollte: *Les Cahiers du Cinéma*.

Im damaligen Gebäude des Verlags Gallimard, 5 Rue Sébastien-Bottin entsteht 1948 auch ein legendärer Filmclub mit dem

Namen *Objectif 49* („Ziel 49"). Viele der damaligen unzähligen Filmclubs wollen vor allem Verpasstes nachholen: Der Zweite Weltkrieg ist noch nicht lange vorbei, die deutschen Besatzer haben die meisten Filme zensiert. Hier sollen jedoch zukunftsweisende Filme gezeigt werden. André Bazin, der Gründer von *Objectif 49*, wird zum wichtigsten Filmkritiker der Nachkriegszeit.

Pierre-Simon zeichnet das Bild eines engagierten Mannes, eines Filmfanatikers, der seine ganze Energie darauf verwendet, Filme für alle zugänglich zu machen. Bazin lädt die Filmrollen auf den Rücksitz seines 2CV, seiner Ente, und fährt damit in Schulen und Universitäten, aber auch in die Fabriken der Vorstädte, um den Arbeitern während der Mittagspause Filme von Jean Renoir, Marcel Carné und Charlie Chaplin zu zeigen. Und er beherbergt den zwanzigjährigen Truffaut mehrere Monate lang, als der junge Regisseur keine eigene Bleibe finden kann. „Doch sie waren sich politisch sicher nicht einig?", frage ich. „Nein", bestätigt Pierre-Simon, „aber das heißt ja nicht, dass Truffaut Bazin nicht zugetan war. Der war wirklich wie eine Art Vater für Truffaut. Aber es ist ja auch normal, wenn ein Sohn sich dem Vater widersetzt, oder?"

Beim Kinomagazin *Les Cahiers du Cinéma* tummeln sich unterdessen all diese jungen Kinofans, die später in die Filmgeschichte eingehen sollten: Jean-Luc Godard, François Truffaut, Éric Rohmer, Jacques Rivette und Claude Chabrol. Truffaut sorgt schon bald für einen Skandal. Im Januar 1954 veröffentlicht er einen leidenschaftlichen Kampfruf gegen eine „gewisse Tendenz des französischen Kinos", das heißt, gegen den Akademismus und Konformismus einer ganzen Reihe von Regisseuren. Was für Truffaut zählt, ist der Regisseur und nicht der „Schreiberling". Was zählt, ist die Art zu filmen und nicht das Drehbuch. Seine Kritik an allen anderen ist so heftig, dass sowohl Leser als auch einige Kollegen empört aufschreien. Pierre-Simon erzählt: „Es wurde unter diesen Cinephilen heftig debattiert, aber eben nur über Ästhetik! Nicht über politische Ansätze." Wir laufen weiter. „Da hinten ist schon der Boulevard Saint-Michel, dort beginnt das Quartier Latin."

Doch zuerst wollen wir uns noch ein paar andere Ecken von Saint-Germain-des-Prés anschauen. Wir gehen an den prächtigen Häusern des Boulevard Saint-Germain vorbei, die neben vielen anderen Gebäuden vom Stadtplaner Georges-Eugène Haussmann im letzten Drittel des 19. Jahrhunderts entworfen worden sind und das Bild der Stadt bis heute prägen. Hier im Viertel leben sehr wohlhabende Menschen mit geradezu märchenhaften Anwesen. Auch das hat der Film für sich entdeckt. So wohnt hier auch Philippe, der reiche Geschäftsmann im Film *Ziemlich beste Freunde* (2011), gespielt von François Cluzet. Sein „Wohnhaus", ein Stadtpalast mit einem gepflegtem Garten, ist das Hôtel d'Avaray, 85 Rue de Grenelle. In Wirklichkeit ist dort der Sitz der niederländischen Botschaft, die das prächtige Gebäude ab und an für Dreharbeiten vermietet und das Geld in kulturelle Projekte investiert.

Natürlich macht Reichtum allein nicht glücklich, das gilt auch und ganz besonders für Philippe. Er ist querschnittgelähmt, eine Behinderung, die nicht nur seinen Körper, sondern auch sein Selbstvertrauen und seinen Lebenswillen lähmt. Um wieder Schwung in Philippes Leben zu bringen, muss ein Krankenpfleger aus den Banlieues her: Driss, gespielt von Omar Sy, braucht Witz und Tücke, um die Tristesse der Vorstadt-Wohntürme zu überleben. Er bringt diese Energie der Banlieue-Bewohner mit, die täglich um ihr Überleben kämpfen müssen. Und die ist ansteckend! Philippe und Driss werden auf diese Weise „ziemlich beste Freunde". Und das ist mehr wert als aller Reichtum der Welt.

Ein Film mit einer dick aufgetragenen Botschaft. Das hätte den Nouvelle-Vague-Regisseuren sicher missfallen. Obwohl der am Anfang des Kapitels erwähnte Nouvelle-Vague-Film, *Saint*

Germain des Prés, auch eine Botschaft hat: Jene junge blonde Amerikanerin, die eine Nacht in der Luxuswohnung mit Blick aufs Institut de France verbringt, macht die haarsträubende Entdeckung, dass ihr junger Liebhaber gar kein Botschaftersohn ist, sondern alles nur vorgetäuscht hat. Die sorglose Eleganz bekommt Risse. Der junge Mann ist in Wirklichkeit pleite und verdient sein Geld mit kleinen Jobs, zum Beispiel als Nacktmodel für Kunststudenten.

Der echte Botschaftersohn taucht auf, der Katherine ebenfalls verführen will und sie mitnimmt in jene Traumwohnung, die für das junge Mädchen allen Glanz verloren hat. Am Ende macht sie sich auf den Weg in ihren Zeichenkurs. Als sie in der Malschule Académie Julian, 31 Rue du Dragon ihren Kunstraum betritt, steht Jean dort splitternackt in Pose. War sie immer schon auf der Suche nach dem mittellosen Jean?

Ich frage Pierre-Simon: „Ist da eine Botschaft? In einem Nouvelle-Vague-Film?" Er lacht: „So homogen war die Nouvelle Vague auch wieder nicht. Es gab Strömungen und Gegenströmungen. Es gab heftige Debatten." Eines ist sicher: Die junge Amerikanerin im Film studiert hier in Saint-Germain Kunst, und das ist kein Zufall. Saint-Germain steht nicht nur für Reichtum, für Jazz, für die Existenzialisten und den Tumult der Fünfzigerjahre, sondern auch für Kunst. Das ganze Viertel wimmelt von Galerien und Museen. Die beiden größten Museen, das Musée d'Orsay und das Musée Rodin, sind westlich des Saint-Germain-Viertels, das Rodin-Museum fast schon beim Invalidendom. Doch hier um die Ecke ist die berühmte Kunsthochschule, die École nationale supérieure des beaux-arts de Paris, 14 Rue Bonaparte, mit der Kinopionier Georges Méliès liebäugelt, bevor er bei der Zauberei und schließlich beim Film landet.

Romy Schneider über den Dächern von Paris in einer Drehpause zu *Monpti*, 1957

Museen und Musen, Rodin und Romy
Zwischen Saint-Germain-des-Prés und Quartier Latin

Ihre Fans kennen die Adresse: 11 Rue Barbet de Jouy. In dem modernen Gebäude aus hellem Stein wird Romy Schneider am frühen Morgen des 29. Mai 1982 tot aufgefunden. Ich stelle mir vor, wie Romy Schneider vielleicht ganz oben gewohnt hat, in der Wohnung mit der hübschen Terrasse, unweit des bekannten Kino-Tempels Étoile Pagode, 57 Rue de Babylone. Gut möglich, dass Romy Schneider dieses Kino sehr mochte. François-Emile Morin, Generaldirektor des Kaufpalastes Le Bon Marché, hat dieses exotische Juwel 1895 nach dem Vorbild eines japanischen Tempels bauen lassen, um seine Frau Amandine zu beglücken. In den Sechzigerjahren ist La Pagode ein Hotspot der Nouvelle Vague: Unzählige Filme der jungen Regisseure werden in den prächtigen, mit Decken- und Wandmalereien dekorierten Sälen uraufgeführt. Heute steht ein Baukran davor, und Netze bedecken die anscheinend brüchigen Dächer der zierlichen Tempeltürme. Große Plakate am Bauzaun erzählen von Vergangenheit und Zukunft der Pagode. Der romantische Tempel ist 2017 von einer amerikanischen Firma gekauft worden, die „Renaissance" der Pagode ist für 2023 geplant: Ein hochmoderner Filmpalast soll in der denkmalgeschützten Stätte entstehen.

Wenn Romy Schneider in den 1970er-Jahren von ihrer Wohnung aus in die entgegengesetzte Richtung geht, ist sie in nur wenigen Schritten beim Musée Rodin, noch ein paar Schritte weiter beim Gare d'Orsay. Das beeindruckende ehemalige Bahnhofsgebäude beherbergt heute ein großes Museum für impressionistische Kunst. Schon zahlreiche Filmemacher ließen sich von diesem Prachtbau inspirieren, darunter auch Martin Scorsese. Die überdimensionalen Bahnhofsuhren sind ein Leitmotiv für *Hugo Cabret*.

Das Museum wird allerdings erst 1986 eröffnet – zu Romys Zeiten hat das Gebäude vermutlich noch leergestanden. Umso besser kann ich sie mir im Musée Rodin, 77 Rue de Varenne vorstellen: Sie flaniert durch die blühenden Gärten, vorbei an Statuen des Bildhauers Auguste Rodin und an kunstvoll zurechtgestutzten Buchsbäumen. Vielleicht macht sie vor dem berühmten *Denker* halt, die imposante Marmorgestalt, die dort sinnierend im Garten sitzt, den Kopf in die Hand gestützt.

Glaubt man Claude Pétin, einer engen Freundin von Romy Schneider, dann ist die Schauspielerin in diesem letzten Monat ihres Lebens, im Mai 1982, voller neuer Kraft und Energie. Ein knappes Jahr vorher hatte sie ihren Sohn bei einem tragischen Unfall verloren, die Wunde wird nie heilen. Aber sie hat Pläne. Claude erzählt der Zeitung *Le Parisien*, sie habe den Abend des 28. Mai mit ihrem Mann Jerôme, dessen Bruder Laurent Pétin sowie mit Romy verbracht: Romy sei guter Dinge gewesen, wollte Laurent heiraten und freute sich auf einen bevorstehenden Fototermin. Doch am nächsten Tag ist Romy tot, ihr Herz hat aufgegeben. Ein Weltstar ist gegangen, aber auch eine Schauspielerin, die die Franzosen in ihrer Verwundbarkeit und Stärke geliebt haben.

Im Garten des Musée Rodin starrt der *Denker* vor sich hin. Viele Regisseure haben diesen Garten mit seinen Statuen und seiner Blumenpracht in ihren Filmen festgehalten. Nicht nur Woody Allen lässt in *Mignight in Paris* seine Protagonisten hier flanieren, schon viel früher entdeckt der Nouvelle-Vague-Regisseur François Truffaut diesen Ort, der die Kulisse für die letzten Szenen seines Films *Zwei Mädchen aus Wales und die Liebe zum Kontinent* (1971) wird. Der junge Claude, gespielt von Jean-Pierre Léaud, liebt zwei englische Schwestern, Ann und Muriel. Aber wie kann ein Trio eine Ehe ergeben? Auch als Ann stirbt, können Claude und Muriel nicht zusammenkommen. Mit Ann wäre es nicht gegangen, doch ohne sie noch weniger. Fünfzehn Jahre nach dieser schmerzlichen Erkenntnis wandelt Claude allein durch den Garten des Rodin-Museums. Er bleibt nachdenklich vor Rodins Meisterwerk stehen, einer kolossalen Balzac-Statue. Er geht weiter, vorbei an zwei in Marmor gehauenen Liebenden, die sich innig umarmen.

Vom Musée Rodin ist es ein schöner Spaziergang zur Sorbonne, auf dem man sich auch Zeit für den Jardin du Luxembourg nehmen kann. Am Platz Carrefour de l'Odéon treffe ich mich erneut mit dem Filmwissenschaftler Pierre-Simon Gutman. Um uns herum befinden sich gleich mehrere Kinos, und um die Ecke ist das altehrwürdige Restaurant Polidor, 41 Rue Monsieur le Prince, wo Gil in *Midnight in Paris* auf den wortkargen Schriftsteller Ernest Hemingway trifft. Ein anderer Schauplatz des Films ist nur ein Stückchen weiter weg, am Ufer der Seine: Im englischen Buchladen Shakespeare and Company, 37 Rue de la Bûcherie stöbert Gil durch die Bücher, nachdem er seine Verlobte Inez verlassen hat.

Am Carrefour de l'Odéon beginnt das Quartier Latin mit seinen unzähligen Universitäten und Eliteschulen. Hier ballt sich die Pariser Intelligenz. Die legendäre Pariser Universität Sorbonne erstreckt sich über ein großes Areal zwischen der Rue de la Sorbonne und der Rue Saint-Jacques. Im Mai 1968 tobt hier die Pariser Studentenrevolte. Und der Dokumentarfilmer Chris Marker hält alles mit seiner Kamera fest: Sein Film *Rot ist die blaue Luft* zeigt Revolutionen auf der ganzen Welt, darunter Demonstrationen und Straßenkämpfe rund um die Sorbonne. Pierre-Simon und ich setzen uns in das Café Le Sorbon, 60 Rue des Écoles schräg gegenüber der Universität. „Kennen Sie das Vorspiel vom Mai '68?", fragt Gutman. „Sie meinen die Affäre Henri Langlois?" „Genau!"

Henri Langlois. Wer einmal ein Foto gesehen hat, vergisst ihn nicht so schnell: Ein Hüne mit unkämmbarer Mähne, schlechtsitzenden Anzügen und durchdringendem Blick, vom Kino geradezu besessen. 1935 gründet er das Filmarchiv und -museum Cinémathèque française und sammelt wie wild alles, was irgendwie mit Film zu tun hat: Neben den Filmkopien selbst sind das Kameras, Projektoren, Plakate, Kostüme und Requisiten. Während des Zweiten Weltkriegs bewahrt er unzählige Filme vor dem Zugriff der deutschen Besatzer, nach dem Krieg bekommt er von der französischen Regierung Räumlichkeiten zur Verfügung gestellt, in denen er die Filme auch vorführen kann. Als erster Vorführraum dient ihm der kleine, immerzu volle Saal in der Avenue de Messine, ab 1955 ist er dann gleich hier um die Ecke, in der 29 Rue d'Ulm. Junge Leute, die sich kein Ticket leisten können, setzen sich vorn auf den Boden, manche von ihnen jeden Tag. François Truffaut, Jean-Luc Godard, Claude Chabrol und Alain Resnais, die Väter der Nouvelle Vague, sollen sogar mehrmals täglich gekommen sein.

Pierre-Simon rührt nachdenklich in seiner Kaffeetasse. „Die Nouvelle-Vague-Autoren nannten sich die Kinder der Cinémathèque. Das war eine richtige Community. Die steckten ständig zusammen. Und Langlois hat diese jungen Leute zu Cinephilen, zu Filmfans, zu Filmkennern erzogen."

Henri Langlois ist so auf Filme versessen, dass er sich alles ansieht, was ihm in die Hände gerät. Wenn ein junger Regisseur mit einer Filmrolle unter dem Arm in die Cinémathèque spaziert, programmiert Henri Langlois spontan den Film noch am selben

Abend nach der offiziellen Vorstellung. Und wenn ein vielversprechender Debütant nicht genug Geld hat, um seinen Film zu Ende zu drehen, dann steckt Langlois ihm auch mal einen Scheck zu. Aus eigener Tasche, versteht sich.

Langlois ist unkonventionell und eigenbrötlerisch. Er führt keine Verzeichnisse über die Bestände der Cinémathèque, er hat alles im Kopf. Seine Abneigung gegen Akribie hat allerdings auch zur Folge, dass die Filmkopien nicht immer sachgemäß gelagert werden. Einige gehen kaputt, andere fallen gar einem Brand zum Opfer. Der Schriftsteller André Malraux wird 1959 Minister für Kultur. Er ist ein bekennender Unterstützer von Langlois und seiner Arbeit. Eines Tages aber reicht es ihm, Langlois geht zu weit mit seinem unbürokratischen Stil. Malraux streicht Anfang 1968 die staatlichen Subventionen für die Cinémathèque. Langlois soll entlassen werden. Ungeahnt tritt der Minister damit einen Erdrutsch los: Die „Kinder der Cinémathèque", die Regisseure der Nouvelle Vague, stiften einen weltweiten Protest an.

„Die Langlois-Affäre hat die Filmemacher der Nouvelle Vague total umgekrempelt", sagt Gutman. „Davor waren sie hundertprozentige Individualisten und interessierten sich nicht für Politik oder Weltgeschichte. Nun haben sie sich zum ersten Mal politisch engagiert." Es kommt bei Demonstrationen sogar zu polizeilichen Übergriffen: Chabrol, Godard, Rivette, Tavernier und Truffaut werden verletzt. Die jungen Filmemacher bitten Regisseure aller Kontinente um Unterstützung. Mit Erfolg: Renoir, Chaplin, Kurosawa, Welles, Bergman, Rossellini, Hitchcock und viele mehr setzen sich für Langlois ein.

Einige Dokumente aus jenen turbulenten Zeiten sind erhalten, darunter ein Telegramm von Stanley Kubrick an François Truffaut: „Lieber Herr Truffaut, [...] ich unterstütze Ihren Protest. [...] Ich will sehr gerne die Projektion meiner Filme in der Cinémathèque verbieten, solange die gegenwärtige Situation andauert. Ihr Stanley Kubrick." Sogar die Filmfestspiele in Cannes müssen unterbrochen werden. Am Ende gibt die französische Regierung nach: Henri Langlois bleibt Direktor der Cinémathèque française. Pierre-Simon Gutman ist sich sicher: „Das war die Generalprobe für die Studentenrevolte vom Mai '68. Und eine grundlegende Veränderung der Nouvelle Vague: von unpolitisch zu engagiert." Er verabschiedet sich von mir und gibt mir noch einen Tipp: François Truffauts Film *Geraubte Küsse* ist während der Affäre Langlois entstanden.

Es ist der zweite Teil einer autobiographisch geprägten Trilogie. Im Vorspann ist der Eingang der Cinémathèque zu sehen, ein eiserner Rollladen versperrt den Zugang. „Bis auf Weiteres geschlossen", steht auf einem Schild. Der junge Antoine Doinel, gespielt von Jean-Pierre Léaud, ist gerade vom Militärdienst befreit worden und in einer On-Off-Beziehung zu der Studentin Christine (Claude Jade). „Heute bin ich müde, ich war gestern auf einer Demo", sagt Christine in einer Szene und schlägt eine Einladung Doinels zum Ausgehen aus. „Eine Demo? Mit Bullen, Schlagstöcken und allem?", fragt Doinel. Mai '68 kündigt sich an.

Ich sehe Truffaut vor mir, wie er, eine Zigarette im Mundwinkel, in seinem 1972 gedrehten Film *Die amerikanische Nacht* den Regisseur spielt. Es ist ein Film über das Kino, die Lust und die Schwierigkeit, einen Film zu drehen. Über Leute, die nichts anderes im Kopf haben als den Film und das Filmemachen – also über Menschen wie Truffaut selbst. Hier in den Kinos des Quartier Latin verbringt er ganze Tage. Ich blicke zum Programmkino Le Champo, 51 Rue des Écoles auf der anderen Straßenseite. Für Truffaut ist es wie ein zweites Zuhause: In dem 1938 eröffneten Kino soll er 1945 und 1946 ganze zwölf Mal *Roman eines Schwindlers* von Sacha Guitry gesehen haben.

Der Film ist zwar bereits 1936 erschienen, aber Pariser Programmkinos zeigen damals Klassiker oft jahrelang. Darin spielt Sacha Guitry einen Schwindler und Dieb. Seine „Karriere" beginnt, als er sich als Zwölfjähriger in der Kasse des familieneigenen Lebensmittelladens bedient. Als Strafe bekommt er kein Abendessen – und überlebt somit als Einziger in seiner Familie eine Pilzvergiftung. Truffaut, der mit leuchtenden Augen im Kino sitzt und selbst eine unglückliche Kindheit gehabt hat, kann sich sicher mit dem Antihelden identifizieren.

Le Champo soll auch eines der Lieblingskinos des amerikanischen Regisseurs Quentin Tarantino sein. Wenn er in Paris ist, sieht er sich dort alte Kultfilme an. Es gibt sogar Gerüchte, Tarantino habe eine Zeit lang von einem eigenen Kino in Paris geträumt und es kaufen wollen. Auch wenn daraus bislang nichts geworden ist, fest steht: Tarantino liebt Le Champo, und Le Champo liebt Tarantino. Im achtzigsten Jahre seines Bestehens zeigt das Kino eine ganze Nacht lang nur Tarantino-Filme: *Pulp Fiction*, *Django Unchained*, *Kill Bill* ... und *Inglourious Basterds*. Die Handlung des letzten Films spielt zu einem großen Teil in einem Pariser Kino während der deutschen Besatzung. Dieses fiktive „Cinéma Gamaar" sieht auf den ersten Blick aus wie Le Champo, dessen Fassade, einem Schiffsbug ähnlich, in die Kreuzung ragt. Quentin Tarantino dreht zwar beinahe alle Szenen im Studio Babelsberg in Potsdam, aber es ist gut möglich, dass er sich von Le Champo hat inspirieren lassen.

An meinem Bistrotisch gegenüber des Champo werde ich plötzlich von lautem Lachen und Rufen aus meinen Gedanken und Notizen gerissen. Eine Gruppe Studenten steht neben mir und spekuliert freundlich-fröhlich auf den Tisch. Ich räume meinen Platz, bekomme ein „Merci!" hinterhergerufen, gehe über die Straße und schaue mir die Plakate des Champo an. Alte Filme von Chabrol stehen auf dem Programm, darunter *Die Hölle*, *Das Leben ist ein Spiel* und *Chabrols süßes Gift*. Ich flaniere die Rue Champollion entlang. Die kaum hundert Meter lange Straße ist eine Hochburg für Fans von Arthouse-Filmen und Klassikern.

Ein Programmkino steht neben dem anderen. Das Reflet Médicis, 3 Rue Champollion bringt eine Retrospektive von Jean Vigo, der trotz seines frühen Todes 1934 als Wegbereiter des Nouvelle-Vague-Kinos gilt.

Ein paar Schritte weiter ist die Filmothèque du Quartier Latin, 9 Rue Champollion. Sie lädt zum Filmclub *L'Alchimie du cinéma* ein. Auf dem Programm stehen Filme von Fritz Lang, mehrere Debatten sowie ein Vortrag über die Symbolik von Langs Bildern. Diese Filmclubs sind heute in Paris eine Rarität. Aber es hat Zeiten gegeben, da wimmelte es nur so von ihnen.

In der Nachkriegszeit unternehmen Filmfans alles, um ihre Leidenschaft weiter zu verbreiten. Und das überall: in Schulen und Fabriken, in Universitäten und Gewerkschaftsbüros, überall gibt es *ciné-clubs* mit den Zielen, Filmgeschichte und Rezeption künstlerisch wertvoller Filme zu vermitteln, ein anspruchsvolles Kinopublikum zu erziehen und zu verhindern, dass das Filmgeschäft einzig kommerziellen Interessen gehorcht.

François Truffaut hat schon als Sechzehnjähriger seinen eigenen *ciné-club* gegründet, *Le Cercle Cinémane*, und zwar gleich hier nebenan, im ehemaligen Kino Cluny Palace, 71 Boulevard Saint-Germain, an der Ecke zur Rue Saint-Jacques. Das Abenteuer ist jedoch nur von kurzer Dauer, der Filmclub geht schon nach wenigen Monaten pleite, obwohl François Truffaut alles versucht: Er klaut die Schreibmaschine seines Stiefvaters, um seine Schulden zu begleichen, er leiht sich immer wieder Geld, das er nicht zurückzahlen kann. Der Stiefvater veranlasst am Ende, dass François Truffaut in eine Anstalt für jugendliche Straftäter eingewiesen wird. Eine traumatische Erfahrung, die er später in *Sie küßten und sie schlugen ihn* auf die Leinwand bringt. Es ist ein Film, der im Viertel seiner Kindheit rund um den Place Pigalle spielt.

Truffaut selbst dreht kaum im Quartier Latin. Doch seine Kollegen von der Nouvelle Vague haben das Viertel immer wieder in ihren Filmen gefeiert. Alain Resnais macht es sogar zum Thema. *Der Krieg ist vorbei* (1966) erzählt die Geschichte des Spaniers Diego, der 1965 als Kommunist im französischen Exil lebt. Diego, gespielt von Yves Montand, ist unter verschiedenen Identitäten mal in Madrid, mal in Paris unterwegs. Weil sich die Lage in Madrid zuspitzt, Kameraden verhaftet werden und verschwinden, kehrt er nach Paris zurück, wo seine Frau Marianne lebt. Diego assoziiert verschiedene Orte in Paris mit ebenso unterschiedlichen Emotionen. Da ist einerseits das Domizil der Studentin Nadine, mit der Diego ein flüchtiges Verhältnis hat. Sie wohnt hier um die Ecke, 7 Rue de l'Estrapade, direkt beim Panthéon. Da ist andererseits die bürgerliche Wohnung von Diegos Frau Marianne jenseits der Seine, ein Ort tiefer und aufrüttelnder Liebe, aber auch ehelicher Konflikte. Regisseur Resnais macht das gesamte Quartier Latin zu Nadines Einflusszone: Place de la Contrescarpe, Rue Soufflot, Place du Panthéon, Rue Champollion ... All das sind Orte der Sorglosigkeit, wo man flaniert und flirtet. Doch bald wird klar, dass die Studenten nicht nur flirten, sondern antifaschistische Aktionen planen. Die Orte der Sorglosigkeit verwandeln sich so in Schauplätze hitziger politischer Debatten – auch ein Merkmal der Zeit, in der der Film entsteht. Ich wandere durch die Rue Gay-Lussac. Auch hier sind im Mai 1968 einige Szenen für *Rot ist die blaue Luft* von Chris Marker gedreht worden: Studenten errichten Barrikaden und reißen Steine aus dem Straßenpflaster. Die Kamera schwenkt zu Polizisten mit Helmen und Schilden, sie feuern Tränengas-Granaten ab. Die Studenten kontern mit Pflastersteinen, die Situation eskaliert. Im Mai '68 geht ein Bruch durch die Gesellschaft. Nichts ist wie vorher, auch der Film nicht.

Ich gehe noch in der Rue Cujas vorbei. Im heute verschwundenen Programmkino Espace Accattone, 20 Rue Cujas, spielt eine Szene aus *2 Tage Paris*, eine Komödie von Julie Delpy, in der die in den

USA lebende Französin die kulturellen Unterschiede der beiden Länder in die Mangel nimmt. Julie Delpy alias Marion schleift den verwirrten Jack (Adam Goldberg) in der Rue Cujas in eine Kunstausstellung mit Bildern von Nackten in unanständigen Posen. Der Besitzer der Kunstgalerie ist Marions Vater: Er scheint sich an Jacks Verlegenheit zu weiden.

Für ihren ersten Film als Regisseurin macht Julie Delpy fast alles selbst, sie spielt die Hauptrolle, schreibt das Drehbuch, ist für die Produktion, das Casting, den Schnitt und die Musik verantwortlich. *2 Tage Paris* ist, wie sie es audrückt, ein „Friends-and-Family-Projekt". Fast alle Rollen sind mit Freunden besetzt, ihre Eltern – selbst Schauspieler – spielen auch ihre Eltern im Film. Ein Low-Budget-Film, der es zum Welterfolg bringt: Die Komödie läuft in über fünfzig Ländern.

Die Kuppel des Panthéons ragt nun vor mir auf. Das Thema Umsturz geht mir erneut durch den Kopf: Das Gebäude sollte eigentlich eine Kirche werden, doch als es fast fertig ist, kommt die Französische Revolution. Kirchen werden gestürmt und zu Stätten der Republik umfunktioniert. Im Panthéon sind die großen Männer und Frauen (aber vor allem Männer) Frankreichs begraben, darunter auch der bereits erwähnte Schriftsteller und Kulturminister André Malraux, der einst die staatlichen Subventionen für die Cinémathèque streichen wollte und damit die Regisseure der Nouvelle Vague auf den Plan rief.

Ich höre laute Rufe hinter dem Monument und gehe neugierig hin. Zwei Dutzend Studenten demonstrieren vor der Kirche Saint-Étienne-du-Mont, Place Sainte-Geneviève. Es sind Sportstudenten, wie sie mir erklären, die gegen die Kürzung der Gelder für ihren Studiengang demonstrieren. Ein paar Polizisten stehen gelassen daneben, ihre Helme halten sie in der Hand. Kein Vergleich mit den legendären Studentenrevolten von 1968.

Und doch: Die Möglichkeit eines Umbruchs ist in Paris immer präsent. Das muss allerdings nicht immer gleich die ganze

Gesellschaft betreffen, manche Umbrüche sind ganz privat. In *Midnight in Paris* sitzt Protagonist Gil genau hier – auf der Treppe vor der Kirche Saint-Étienne-du-Mont. Er hat nur einen kurzen Moment Ruhe, bevor er in ein anderes Jahrhundert katapultiert wird. Er atmet durch, genießt die Einsamkeit. Nachdenklich schaut er die Straße hinunter, und schon hält tatsächlich ein altmodisches Automobil vor ihm an, die Tür öffnet sich, von innen wird gewunken, Gil steigt ein – und landet im Paris der Zwanzigerjahre.

Auch *La Boum – Die Fete* (von Claude Pinoteau, 1980) erzählt, wie Heldin Vic, gespielt von Sophie Marceau, in einer anderen Wirklichkeit landet. Vic geht im Lycée Henri IV, 23 Rue Clovis genau neben der Kirche Saint-Étienne-du-Mont zur Schule. Gerade bummelt sie noch ahnungslos durch das Schultor, und schon wenig später wird sie in den Strudel der ersten Liebe gezogen. *La Boum* ist damals der Überraschungserfolg schlechthin. Erst einmal unbeachtet, wird der Streifen innerhalb kürzester Zeit zu einem der größten Erfolge der französischen Filmgeschichte. Ganz sicher hat das mit dem Talent der damals fünfzehnjährigen Sophie Marceau zu tun. Claude Pinoteau entdeckt sie bei einem Casting: Der Regisseur lässt tausende Jugendliche vorsprechen und entscheidet sich dann für die junge, in den Banlieues aufgewachsene Sophie. Dank ihres frischen Charmes wird *La Boum* zum Kultfilm und Sophie Marceau zu einer der beliebtesten Schauspielerinnen Frankreichs – bis heute. Zum dritten Mal in Folge haben die Franzosen sie 2021 zur beliebtesten Persönlichkeit des Jahres gewählt.

Ein paar Schritte weiter ist die Bibliothèque Sainte-Geneviève, 10 Place du Panthéon. Hier kommen im Film *Hugo Cabret* von Martin Scorsese, über den noch zu reden sein wird, der Junge Hugo und seine Freundin Isabelle der Geschichte des Kinos auf die Spur.

Auch ich habe das vor. Das 1907 eröffnete Cinéma du Panthéon, 13 Rue Victor Cousin ist dafür meine nächste Station. Es ist die älteste Institution in Paris, die durchgehend ein Kino ist. Der Philosoph Sartre kommt als Kind mit seiner Mutter hierher, der Dichter und Drehbuchautor Jacques Prévert geht hier ein und aus. Und noch heute sind Stars im Cinéma du Panthéon Stammgäste.

Programmdirektorin Nadège Le Breton nimmt sich für mich Zeit und erwartet mich in der Eingangshalle des kleinen Kinos. Wir gehen die enge Treppe hinauf zum Teesalon im obersten Stockwerk. Hier stehen kuschelige Sofas mit bunten Kissen unter warm leuchtenden Lampen. Der ganze Raum strahlt eine wunderbare Harmonie aus, auch wenn – oder gerade weil? – keine Lampe und keine Couch der anderen gleicht. „Catherine Deneuve hat den Salon dekoriert", erzählt mir Nadège. „Sie hat diese Lampen, diese Sofas und Tische bei Antiquitätenhändlern gefunden." Aber warum Catherine Deneuve? „Manche denken sogar, dieses Kino gehöre Catherine Deneuve", fügt Nadège hinzu. „Doch es gehört der Produktionsfirma Why Not Production. Catherine Deneuve steht den Produzenten nahe. Sie kommt dann und wann vorbei." Ich schaue mich unwillkürlich um, aber keine Spur von der Starschauspielerin.

Nadège Le Breton erzählt von den Filmclubs und der Programmpolitik ihres Kinos. Hier bekommen auch Filme eine Chance, die nicht gleich in den ersten Tagen Kassenschlager sind: Sie laufen im Durchschnitt acht Wochen lang. Im Moment zeigt das Kino *À la vie* von Aude Pépin, ein Dokumentarfilm über eine feministische Hebamme.

Neben dem Kino befindet sich die Filmbuchhandlung Librairie du Cinéma du Panthéon, 15 Rue Victor Cousin. „Abgesehen von der Boutique der Cinémathèque sind wir die letzte Buchhandlung in Paris, die ganz und gar auf Film spezialisiert ist", erzählt mir Buchhändler Hervé Boudigou. Er legt mir einen Bildband hin. Romy Schneider ist darauf abgebildet, im schwarzen Lackmantel. *Le Paris de Claude Sautet*, das Paris von Claude Sautet, heißt dieses Buch der Journalistin Hélène Rochette. Ich blättere darin. Bilder von Dreharbeiten, das Niemandsland von *Das Mädchen und der Kommissar*, Fotos von Schauspielern, Yves Montand, Michel Piccoli, und immer wieder Romy Schneider kommen auf den Seiten zum Vorschein. Romy blickt mich nachdenklich und geheimnisvoll an. Ich kaufe das Buch.

Draußen dämmert es, und ich will jetzt nur noch eines: in einen gemütlichen Kinosessel sinken. Ich spaziere zurück in die Rue Champollion. Im Reflet Médicis beginnt gleich *Atalante* (1934) von Jean Vigo, einer der ganz wenigen frühen Tonfilme, die draußen gedreht werden. Mit dem Aufkommen der Tonfilme ziehen sich die allermeisten Regisseure eher ins Studio zurück. Im Film ist *L'Atalante* der Name eines Lastkahns. Der Kapitänsfrau Juliette wird es auf dem Schiff allmählich langweilig, sie hat Sehnsucht nach dem funkelnden Leben der Großstadt. Irgendwann legt der Frachter in Paris an, und Juliette schleicht sich heimlich davon. Am Ende findet sich das Paar wieder, die tragikomische Liebesgeschichte geht gut aus.

Ich gleite in ein anderes Jahrhundert – wie Gil in *Midnight in Paris*. Als in dem kleinen Vorführsaal des Kinos das Licht wieder angeht, scheinen alle Zuschauer gerührt und beglückt. Nicht schlecht für einen fast neunzig Jahre alten Film!

Ein Blick auf die Kulissen von *Hôtel du Nord*, 1938

Die Verheißungen der Stadt vom Wasser aus
Am Canal Saint-Martin

Der Film *Atalante* von Jean Vigo, den ich ein paar Tage zuvor im Kino genießen durfte, ist auf seine Art außergewöhnlich: Das fröhliche Treiben am Quai des Canal Saint-Martin ist in dem alten Schwarzweißfilm in betörendes Licht getaucht. Dita Parlo, eine deutsche Schauspielerin mit eindringlichem Blick, steht als Schiffersfrau Juliette auf ihrem Kahn und sieht zum ersten Mal Paris. Sie träumt von den Verheißungen der Stadt. Regisseur Jean Vigo dreht den Film von 1933 bis 1934 bereits im Fieber, so sagen manche: Er ist schwer an Tuberkulose erkrankt. Kurz nach der Erstaufführung stirbt er mit nur neunundzwanzig Jahren.

Vigo versieht den Kahn mit einer unvergesslichen Besatzung: Da sind das frisch verheiratete Paar, Juliette und Jean, ein Schiffsjunge und der exzentrische Matrose Père Jules, gespielt vom Star der Dreißigerjahre Michel Simon, der mit ausdrucksstarker Mimik in dieser Zeit zum *monstre sacré* wird, zum heiligen Monster des französischen Films. In *Atalante* wirkt er umso eindringlicher, da seine Physiognomie wie ein Gegenentwurf zu Dita Parlos ebenmäßig-schönen, wie in Marmor gehauenen Zügen ist. Parlo ist über Berlin und Hollywood nach Paris gekommen und dreht später mit Jean Renoir das im Ersten Weltkrieg spielende, pazifistische Werk *Die große Illusion* (1937) über die Freundschaft von Kriegsgegnern, bevor sie selbst kurz nach Kriegsausbruch 1939 nach Deutschland ausgewiesen wird, was im Prinzip das Ende ihrer Karriere bedeutet. Die Rolle der Juliette in *Atalante* bietet ihr Raum für unzählige Facetten: Sie ist verliebt und frisch verheiratet, abenteuerlustig bis desillusioniert und frustriert. Der Ehemann kümmert sich mehr um das Schiff als um seine Frau, doch wie ihr Herz höherschlägt, als sie dann zum ersten Mal von Bord aus Paris erblickt!

Genau hier muss das gewesen sein: an der Schleuse Écluse des Récollets, 86 Quai de Valmy, wo ich jetzt stehe. Ich stelle mir vor, an Bord dieses Binnenfrachters zu sein, stelle mir die Sehnsucht vor, endlich die geheimnisvolle Stadt jenseits des Ufers mit ihren lebendigen Straßen und Gassen zu erkunden.

Jean verspricht seiner Frau einen gemeinsamen Abend in Pariser Lokalen. Doch dann verschwindet der Matrose Père Jules zum Landgang. Er überquert die Passerelle de la Grange-aux-Belles, geht zum Hôtel de l'Ancre, 96 Quai de Jemmapes, und kommt mitten in der Nacht völlig betrunken zurück.

Als Jean am Abend darauf endlich mit seiner Frau ausgeht, begegnen die beiden in einem Ausflugslokal vor den Toren von Paris einem Straßenkünstler, der Juliette von den Verlockungen der Stadt erzählt und sie mit phantasievollen Kunststücken betört. Ihre Sehnsucht wird so groß, dass sie später allein von Bord geht und wie im Taumel durch die Straßen von Paris zieht, gebannt vor den Auslagen der Schmuckgeschäfte stehenbleibt und den Lichtern der Stadt bei Nacht folgt. Doch bald wird sie auch mit den düsteren Seiten der Stadt konfrontiert: Schlangen von Arbeitslosen im Schneetreiben vor Fabriktoren, Not und Elend. Und dann muss sie sich, nachdem ihr ihre Geldbörse geklaut wird, allein in Paris durchschlagen.

Jean ist indes vom Alleingang seiner Frau so aufgebracht, dass er ablegt, bevor Juliette von ihrem Streifzug zurückkehrt. Der Kahn fährt zurück nach Le Havre, Jean versinkt in tiefe Depressionen. Schließlich nimmt Père Jules die Sache in die Hand und macht sich beim nächsten Halt in Paris auf die Suche nach seiner *patronne*. In einem Schallplattenladen, wo sie *La Chanson du marinier*, das „Lied des Schiffers", hört, findet er sie – und bringt sie zurück.

Jean Vigos Film hat etwas Ätherisches, ein besonderes Licht, schwebende Bewegungen. „Wir wissen", schreibt der Regisseur François Truffaut, „dass Jean Vigo teilweise auf einem Feldbett liegend Regie geführt hat. Wir können also vermuten, dass er im Fieber gedreht hat. Das ist durchaus möglich, und sogar sehr wahrscheinlich. Und es stimmt, dass man brillanter, stärker, intensiver sein kann, wenn man Temperatur hat." Die verheißungsvolle Morgensonne in Juliettes Kajüte, die Atmosphäre von Entzücken, als der Kahn im Canal Saint-Martin in die Schleuse einfährt, die Poesie des Skurrilen auf dem Boot und in der Stadt – für die Regisseure der Nouvelle Vague ist Jean Vigo ein Wegbereiter. Bei seiner Erstaufführung im September 1934 im Filmpalast Le Colisée auf den Champs-Élysées war *Atalante* ein Flop. Heute gilt der Film als Meisterwerk und sein Regisseur als Genie, der sein einzigartiges Werk in einem Atemzug schuf.

Der Canal Saint-Martin wird nur wenige Jahre später durch einen weiteren Kultfilm als magischer Ort zelebriert. „Atmosphère! Atmosphère! Est-ce que j'ai une gueule d'atmosphère?" („Atmosphäre! Atmosphäre! Sehe ich etwa aus wie Atmosphäre?"). Die französische Schauspielerin Arletty (mit bürgerlichem Namen eigentlich Léonie Bathiat) steht auf einer Brücke über dem Canal Saint-Martin und schreit in ihrer Rolle als Madame Raymonde ihren verdrossenen Lebenspartner und Zuhälter Monsieur Edmond (gespielt von Louis Jouvet) an. Der hat ihr wenige Sekunden vorher vorgeworfen, mit ihrem ständigen Geschwätz die Atmosphäre zu verderben, und Madame Raymonde reagiert heftig. Der legendäre Film heißt *Hôtel du Nord*, Arletty und Jouvet spielen eigentlich Nebenfiguren. Doch Arletty ist so frech und Jouvet so beeindruckend, die Dialoge der beiden sind so spitz und frivol, dass sie allen anderen die Show stehlen.

Der Film kommt 1938 auf die Leinwand. Im Gegensatz zu Jean Vigo, der im echten Paris dreht, lässt Regisseur Marcel Carné das ganze Stadtviertel in den Studios des Pariser Vororts Billancourt nachbauen. Das ist kaum zu glauben, denn die Häuser, die Eisenbrücke über dem Kanal, die Fassade des Hotels könnten echter nicht aussehen. Dank des Films steht die Fassade des echten Hôtel du Nord, 102 Quai de Jemmapes heute unter Denkmalschutz – und das, obwohl der Regisseur hier nie gedreht hat.

Ich stehe vor dem Haus mit der schlichten Aufschrift *Hôtel du Nord*. Heute ist hier kein Hotel mehr, sondern ein charmantes Restaurant mit stilvollem alten Kachelboden und Bistro-Mobiliar. Bei Marcel Carné ist das Hotel eine billige, aber anständige Herberge für kleine Leute. Jeder von ihnen versucht, seinem armseligen Schicksal zu entkommen oder zumindest zu überleben. Die einen, indem sie sich in die Liebe oder in Träume flüchten wie Monsieur Edmond, der vom Angeln in idyllischer Natur träumt, während er auf die Gewässer des Canal Saint-Martin blickt. Die anderen, indem sie kleinen Jobs oder mittelgroßen Gaunereien nachgehen, sich prostituieren oder in Richtung Süden aufbrechen, wo sie sich ein besseres Leben erhoffen. Eines der Liebespaare – Pierre und Renée – hat eine besonders radikale Lösung: Die beiden mieten ein Zimmer mit Blick auf den Kanal, um gemeinsam Selbstmord zu begehen. Im Jenseits versprechen sie sich ein besseres Leben. Schließlich kommt aber alles ganz anders.

Filmemacher Marcel Carné ist einer der großen Namen des poetischen Realismus. Anfang der Dreißigerjahre hat die Wirtschaftskrise in Frankreich tiefe Spuren hinterlassen und eine Gruppe Regisseure filmt die Alltagswelt, den „kleinen Mann", der in der unerbittlichen Gesellschaft ums Überleben kämpft. Carné zeigt aber auch die Solidarität, das Warmherzige seiner Protagonisten: Im Mittelpunkt des Treibens stehen auch die Besitzer des Hôtel du Nord mit dem großen Herzen, die beim geselligen Kommunionsessen trinkfeste Tischgäste haben. Aufgedeckt werden nicht nur die Schwächen der kleinen Leute, der Schieber, Schleusenwärter und Prostituierten, sondern auch ihr Edelmut.

Der Plan des jungen Paares Pierre und Renée, gemeinsam Selbstmord zu begehen, scheitert. Nachdem Pierre seine Geliebte vermeintlich erschossen hat, bringt er nicht den Mut auf, sich selbst umzubringen. Anstatt zu fliehen stellt er sich reumütig der Polizei. Renée ist jedoch nur verletzt und wird wieder gesund. Nun verliebt sich ausgerechnet der Zuhälter Monsieur Edmond in sie, doch seine Liebe ist hoffnungslos. Am Ende wird er von Kriminellen aufgespürt, die er einst der Polizei ausgeliefert hat... Die letzte Szene ist bitter und komisch zugleich: Im Wohnviertel tobt ein Tanzfest anlässlich des Nationalfeiertags am 14. Juli, Kinder werfen Knallfrösche. Als sich Edmond von den Verbrechern erschießen lässt, beginnt eine ältere Frau, die aus dem Fenster auf die Kinder blickt, zu schimpfen: Sie hält den Lärm der Pistole für einen Knallfrosch. Das Paris von Marcel Carné ist bitter und süß, traurig und zum Lächeln.

Ich spaziere am Canal Saint-Martin entlang. Was hat sich seitdem verändert? Die Leute haben es eiliger, sie hetzen mit dem Smartphone in der Hand an mir vorbei. Damals, vor ungefähr achtzig Jahren, läuft die Zeit bestimmt langsamer, Kinder spielen auf der Straße, Schaulustige stehen auch dort, wo es nichts weiter zu sehen gibt als einen Kahn, der auf dem Wasser vorbeitreibt.

Ich biege in eine der kleinen Straßen neben dem Canal Saint-Martin ein, die Rue Bichat. Hier hätte *Das Verbrechen des Herrn Lange* spielen können, ein Film von Jean Renoir aus dem Jahr 1936. Renoir dreht seinen Film ebenfalls im Studio, aber die Kulisse und sein sozialkritischer Anspruch passen zu diesem Viertel. Auch hier geht es um die kleinen Leute, sie kämpfen gegen den schurkenhaften Zeitschriftenverlagschef Batala, gespielt von Jules Berry. Als der vor seinen Schuldnern flieht und für tot gehalten wird, gründen die Arbeiter eine Genossenschaft. Der Film setzt dem damals von der linken *Front Populaire* regierten Frankreich ein Denkmal, huldigt den Arbeitern, die ihr Schicksal selbst in die Hand nehmen.

Protagonist Monsieur Lange (René Lefèvre) schreibt im Verlag Batala Abenteuerromane, die im Wilden Westen spielen. Nach dem Verschwinden des bösen Chefs macht der nun selbstverwaltete Verlag den Protagonisten der Romane, „Arizona Jim", zum Aushängeschild und die Serie wird ein Riesenerfolg. Doch dann kehrt der tot geglaubte Batala zurück und will sich den Verlag erneut unter den Nagel reißen. So hat Lange schließlich alle Sympathien auf seiner Seite, als er Batala umbringt.

Ich kehre um, schlendere zurück zum Wasser. Am Ufer reihen sich angesagte Cafés aneinander, deren Namen an die alten Filme erinnern: L'Atmosphère heißt das stylische Café, 49 Rue Lucien Sampaix, benannt nach Arlettys wütender Tirade in *Hôtel du Nord*. Etwas weiter geht der Canal Saint-Martin in das Bassin de la Villette über. Dort kann man spazierengehen, im Sommer sogar baden, gut essen – und auch Filme schauen: Gleich hier, bei der Rotonde de la Villette, befinden sich zwei meiner Lieblingsorte: die Kinos MK2 Quai de Seine und das Quai de Loire. Nachts spiegeln sich hier die Lichter der beiden Häuser im Wasser.

Folgt man dem Bassin weiter, entdeckt man das Restaurant L'Atalante, 26 Quai de la Marne, das auf den erwähnten Filmklassiker von Jean Vigo anspielt, und trifft schließlich auf den Parc de la Villette. Früher sind hier die Schlachthöfe von Paris gewesen, heute ist es ein Kulturpark. Und keine Kultur ohne Kino: Jeden Sommer gibt es auf der großen Wiese von La Villette ein Open-Air-Kino-Festival. Auf dem Programm: Klassiker der Filmgeschichte. Die Pariser kommen schon am frühen Abend, sie breiten ihre Decken aus, haben Picknickkorb und Wein dabei und machen es sich gemütlich. Und wenn dann die Sonne über der Stadt untergeht und am Ende des Rasens die große Leinwand aufgeblasen wird, wird es zuweilen ganz andächtig still inmitten der lauten Metropole.

Die bekannten Pariser Metro-Schilder lassen sich an jedem Eingang in den Untergrund finden

Im Pariser Untergrund
Die falsche und die echte Metro

Eine Eisentür versperrt uns den Weg. Kein Hinweis ist zu finden, der darauf hindeutet, was sich dahinter verbirgt. Wir sind in der Metrostation Porte des Lilas und stehen am Ende eines Ganges. „Diskretion! Das ist unser Motto", sagt Karine Lehongre-Richard. Sie ist verantwortlich für Dreharbeiten in der Pariser Metro. „Niemand weiß, was hinter dieser Tür vorgeht. Bei uns herrscht da auch intern absolutes Stillschweigen. Die Informationen gehen nur an die Leute, die in die Dreharbeiten involviert sind. Wenn Fans und Autogrammjäger mitbekommen würden, dass ihr Idol da drinnen dreht ...", die Madame Cinéma der Pariser Metro schüttelt den Kopf, „... das ginge gar nicht!"

Sie steckt einen Schlüssel ins Schloss, die Eisentür öffnet sich knarrend. Ein Bahnsteig kommt zum Vorschein. Fast könnte man meinen, es sei eine ganz normale Metrostation: Weiße Kacheln zieren die Wände, goldumrahmte Werbeflächen hängen darüber. Dort wo allerdings Werbung hängen sollte, sind die Flächen nur grün. Anstatt der üblichen Plastiksitze stehen hier alte Holzbänke, und am Ende des Bahnsteigs befindet sich eine kleine Bude aus grünem Holz, daneben ein kleiner Hocker, auf dem früher der *poinçonneur* saß: der Mann, der die Fahrkarten abknipste. Dieser Bahnsteig ist heute nicht mehr in Betrieb, sondern einzig und allein für Dreharbeiten reserviert.

Karine erzählt mir, wie es hier beim Dreh für historische Filme aussieht. Dann sitzt erneut ein Abknipser auf diesem Hocker, und die historischen Sprague-Thomson-Züge kommen wieder zum Einsatz. Alte Metrozüge, Nazi-Propaganda-Plakate: So verwandelt sich die Porte des Lilas – Cinéma in eine Metrostation der Vierzigerjahre. Um die fünf Filme pro Jahr werden hier auf diesem „Kinobahnsteig" gedreht. Eine enorme Logistik ist damit verbunden. Techniker des Metrobetreibers RATP werden für den Dreh freigestellt, dazu Metroschaffner und Elektriker. Die ganze Station wird für den Film umgestaltet. Heute steht auf dem blauen Metrostationsschild *Porte des Lilas*, doch es kann beliebig ausgetauscht werden. In *Die fabelhafte Welt der Amélie* heißt die Station Abbesses, und auf dem Bahnsteig sind die berühmten Passfoto-Automaten aufgestellt, mit denen die Liebesgeschichte zwischen Nino und Amélie beginnt, von der noch zu reden sein wird. Auf den Spuren von Amélie gehen wir den Bahnsteig auf und ab. Karine erzählt von den „Journées Européennes du Patrimoine", den „europäischen Tagen des Kulturerbes". An einem Wochenende im Jahr öffnen sich in Paris die Türen zu sonst verborgenen Orten. Auch die für diesen Anlass prächtig dekorierte Station Porte des Lilas – Cinéma ist dann zugänglich: Die Besucher betreten ein Filmset mit Kameras, Beleuchtung und Schienen für Kamerafahrten, als würden die Dreharbeiten jeden Moment beginnen. „Manchmal stellen wir eine Schauspielerin ein, die im Fünfzigerjahre-Outfit Metrotickets abknipst. Das Publikum ist jedes Mal begeistert!" Karine scheint selbst enormen Spaß an dieser Aktion zu haben. „Aber abgesehen von diesem Tag sind wir diskret", betont sie noch einmal. „Die Leute, die hier im Viertel wohnen, wissen natürlich Bescheid. Sie begreifen sofort, was los ist, wenn hier jede Menge Lkws parken. Dreharbeiten erfordern sehr viel technisches Material, und zwangsläufig steht dann hier alles voll mit den Fahrzeugen der Filmgesellschaft."

Wir werfen einen letzten Blick auf den Bahnsteig und durchqueren wieder die Eisentür. Karine schließt hinter uns ab und führt mich durch lange Gänge. „Manchmal wimmelt es hier von Statisten in historischen Kostümen", sie lacht. „Dann wird es schwierig mit der Diskretion." Ob Thriller, Liebesgeschichten oder Komödien: In der Metro landen sie alle früher oder später. Ungefähr siebzig Produktionen – Kino- und Fernsehfilme, Serien, Videoclips und Werbungen – werden pro Jahr im gesamten öffentlichen Verkehrsnetz, in Metros, Bussen, Straßenbahnen und Vorortzügen, gedreht.

Ethan und Joel Coen, die Regisseure einzigartig schräger Filme, haben sich die Metro für ihren Beitrag zu dem 2006 erschienenen Episodenfilm *Paris, je t'aime* ausgesucht. In einer der Episoden (*Tuileries*) sitzt ein Tourist, gespielt von Steve Buscemi, in genau diesem „falschen Bahnhof" auf der Metrobank. Er kommt offensichtlich aus dem Louvre und hat eine schicke Museumstüte mit Mona-Lisa-Postkarten in der Hand. Doch sein klischeehaftes Postkarten-Paris bekommt er im wahrsten Sinne des Wortes um die Ohren gehauen. Gerade noch hat er im Reiseführer gelesen, in der Metro solle man Blickkontakt besser vermeiden, da sieht er ein Liebespaar am Bahnsteig gegenüber, und seine Blicke treffen sich mit jenen der jungen Frau. Es kommt zu einer Eifersuchtsszene, die auch von ihr provoziert wird: Sie geht zu dem auf der Bank sitzenden Mann und küsst ihn. Ihr Freund beginnt daraufhin eine Schlägerei, am Ende bleibt der Tourist halb unter seinen Mona-Lisa-Karten begraben am Boden liegen.

Auch für filmische Verfolgungsjagden ist die Metro ein beliebter Ort, und das nicht erst seit Kurzem: Schon 1963 flieht Audrey Hepburn in Stanley Donens *Charade* vor Cary Grant durch die Metrogänge. Heute berechnet die Metrogesellschaft RATP für einen Drehtag circa 20 000 Euro, um Personalkosten für Techniker, Zugführer und Elektriker zu decken, die alle für die Sicherheit und den reibungslosen Ablauf der Dreharbeiten sorgen. Aber nicht alle Drehs müssen so aufwendig und teuer sein. Einen Waggon zu mieten, kostet ungefähr 2 000 Euro pro Drehtag. Dafür eignet sich am besten die kurze Linie 3bis: Sie umfasst nur vier Stationen zwischen der Porte des Lilas und der Station Gambetta. Meistens sind die Waggons halb leer.

Doch manchmal wird es richtig gefährlich: Verfolgte und Verfolger überqueren die Gleise, deren Strom von Metrotechnikern vorher abgestellt werden muss. Derart komplexe Operationen finden ausnahmslos hier an der Station Porte des Lilas – Cinéma statt. „Mein Job ist, die Lösung zu finden, die am besten zum Drehbuch passt", erzählt mir Karine Lehongre-Richard. „Ich muss mich fragen: Was schwebt dem Regisseur vor? Eine Szene auf einer oberirdischen Metrolinie? Manche Regisseure wollen unbedingt in der Metro-Linie 2 drehen, wegen der Aussicht. Doch die ist meistens voll. Das bedeutet für uns: Das Drehteam muss klein sein, um den Metroverkehr nicht zu stören. Für die Passagiere müssen wir unsichtbar bleiben. Und natürlich kann der Metrofahrer nicht anhalten und die Türen erneut öffnen, weil die Szene nochmal gespielt werden muss. Der Dreh muss sich an den normalen Ablauf anpassen."

Auch die zum Teil oberirdisch verlaufende Linie 6 ist sehr gefragt. Eine Fahrt ist sehr zu empfehlen, wie überhaupt Paris auch gut mit der Metro zu erschließen ist. Zwischen den Stationen Bir-Hakeim und Passy bietet sie einen herrlichen Blick auf den Eiffelturm. Und im östlichen Teil der Linie, zwischen den Stationen Place d'Italie und Quai de la Gare, lassen sich gigantische Mauerfresken von Street-Art-Künstlern bestaunen.

Genau dort dreht Jacques Audiard im Jahr 2021 die Metro-Szenen für *Wo in Paris die Sonne aufgeht*. Der Film erzählt die chaotische Beziehung zwischen drei jungen Bewohnern des Hochhausviertels Les Olympiades im Pariser Chinatown. Ihre Geschichte ist von Graphic Novels inspiriert. Die Sicht von der Metro auf die plastische Stadtkulisse fügt sich deshalb graphisch perfekt in die Ästhetik des Films.

Wenn der Filmemacher jedoch keine bestimmte Metrolinie, keine bestimmt Station bevorzugt, dann wird systematisch auf der Linie 3bis gedreht. „Wir reservieren einen Waggon in der Mitte der Metro und das Filmteam fährt darin hin und her", erklärt Karine Lehongre-Richard. „Einen ganzen Wagen zu haben, bedeutet mit Schuss und Gegenschuss und mit Weitwinkelansichten arbeiten zu können. Und im Gegensatz zu den Drehs in der Station Porte des Lilas – Cinéma können wir hier die Abfolge der verschiedenen Stationen filmen, das Aufeinanderfolgen von Licht und Dunkelheit – eine beleuchtete Station, ein dunkler Tunnel, immer abwechselnd. Wie im Film *Die brillante Mademoiselle Neïla* von Yvan Attal mit Camélia Jordana und Daniel Auteuil."

Ich sehe mir später den Film an. Die Szene, in der Neïla (Camélia Jordana) mit ihrem Professor Pierre Mazard (Daniel Auteuil) Metro fährt, ist in der Tat besonders eindrucksvoll: Er fordert sie heraus, mit einer brillanten Rede die Metro-Passagiere aus ihrer Lethargie zu reißen. Der für rassistische Sprüche bekannte Professor und seine Studentin mit arabischen Wurzeln sind ein ungleiches Paar, aber sie werden einander quasi in die Arme getrieben: Es ist die Idee des Direktors der Universität, Mazard solle sich Neïlas annehmen und sie für einen berühmten Rhetorikwettbewerb vorbereiten, um sich von Rassismus-Vorwürfen reinzuwaschen. Die Rechnung geht auf: Auch wenn Mazard weiterhin zynisch und unerbittlich scheint, so ist er doch für Neïla der Mentor, den sie braucht. Und Neïla trägt dazu bei, dass Mazard seine Vorurteile infragestellt.

Manche Filme nehmen beinahe das gesamte Metronetz in Anspruch, den „Bauch von Paris". 1985 dreht Starregisseur Luc Besson seinen Thriller *Subway* im Pariser Untergrund. Der weißblonde Punk Fred, gespielt von Christopher Lambert, hat wichtige Dokumente entwendet und ist damit auf der Flucht. Dabei gerät er immer tiefer in eine Parallelwelt: Er hetzt durch die Metro, durch geheime Tunnel und Gänge – ein Labyrinth, das dem normalen Menschen verschlossen bleibt. Die entwendeten

Papiere gehören einem reichen Geschäftsmann, in dessen Frau sich Fred verliebt hat: Isabelle Adjani spielt die schöne Héléna. Je mehr sich Fred im Pariser Untergrund verliert, desto komplizierter wird die Geschichte mit Héléna: Wie soll er letztlich eine Frau erpressen, in die er verliebt ist? In der Unterwelt macht Fred Bekanntschaft mit einer Parallelgesellschaft, mit Randgestalten, Taschendieben, Blumenverkäufern und Musikern, die hier unten leben. In dem Gewirr von unterirdischen Gängen bewegen sie sich, als seien sie über der Erde, als seien es Straßen, die durch mehr oder weniger schöne Stadtviertel führten. Es ist eine Welt, in der sich Fred zu Hause fühlt. Die gigantischen Stationen wie Nation, aber auch Auber sind wie Städte unter der Stadt, mit Boutiquen und Kaffee-Ausschänken, mit Verkaufsständen und Musik. Auch Héléna ist mehr und mehr von diesem Untergrundleben und von Fred fasziniert. Luc Besson versteht es, die Poesie der Unterwelt von Paris einzufangen.

Die großen, mit den Vorortzügen verbundenen Metrostationen sind auch der Schauplatz von *Loin du 16e*, dem Beitrag von Walter Salles und Daniela Thomas zum Episodenfilm *Paris je t'aime*. Eine junge Mutter durchquert die Hochhauswelt von Sozialbauten in einem Pariser Vorort, gibt ihr Baby in der Krippe ab und singt liebevoll ein Wiegenlied auf Spanisch. Danach startet sie zu einer wahren Odyssee – Vorortzug, Umstieg, lange Gänge, Rolltreppen, Metro – bis sie endlich im eleganten 16. Arrondissement im Pariser Westen landet. In einer riesigen Wohnung hütet sie nun ein anderes Baby und singt erneut ihr Wiegenlied, mit derselben Zärtlichkeit.

Die Metro und die Vorortzüge: Sie gehören zum Alltag von Millionen Parisern und Banlieue-Bewohnern. Eine Szene in der Metro macht einen Protagonisten sofort glaubwürdig und ermöglicht es, ihn einzuordnen. Ob jemand auf dem Nachhauseweg bei der Station Belleville aussteigt oder bei Passy, ist ein himmelweiter Unterschied: Belleville ist ein Multikulti-Viertel, Passy ist elegant und teuer. Manchmal ist die Metro einfach Alltag, manchmal ist sie auch der erste Schritt in ein dunkles Geschehen.

Im Drama *Irreversibel* (2002) erzählt Gaspar Noé seine Geschichte rückwärts. Die Protagonisten: die schöne Alex (Monica Bellucci) und ihr Freund Marcus (Vincent Cassel) sowie Alex' Exfreund Pierre (Albert Dupontel). Je unerträglicher die Szene, desto tiefer scheinen die Protagonisten in den Untergrund hinabgestiegen zu sein, desto unentrinnbarer sind sie dort gefangen. Der Film beginnt mit einem grausamen Mord im Keller des SM-Nachtclubs „Le Rectum": Verstörende Musik und rotes Licht lassen ihn als bedrohliches Labyrinth erscheinen. Der Mord ist ein Racheakt: Pierre und Marcus suchen nach einem Vergewaltiger, doch Pierre erschlägt in einem Handgemenge den Falschen. Die danach gezeigte Vergewaltigungsszene ist endlos und unerträglich brutal. Sie findet in einer Unterführung statt, einem heute nicht mehr existierenden Tunnel am Boulevard Berthier. In der Logik des rückwärts erzählenden Films fahren die drei Protagonisten in der Metro zu einer Party, vorbei an der Station Buttes Chaumont. Die Gespräche sind halb fröhlich, halb nostalgisch: Pierre trauert seiner vergangenen Liebe zu Alex nach, Alex neckt die beiden Männer und sonnt sich in deren Aufmerksamkeit. Am Ende des Films, also ganz zu Beginn der Geschichte, scheint tatsächlich die Sonne: Alex hat sich im Parc des Buttes-Chaumont auf dem Rasen ausgestreckt und träumt. In der Hand hält sie das Buch *An Experiment with Time* von J. W. Dunne. Kinder hüpfen fröhlich kreischend über die Wiese, es ist ein lichter Sommertag. Als könne der Film ein Happy End haben, indem er die Ereignisse ganz einfach rückwärts erzählt.

Vor dem Aufzug, der die Metropassagiere wieder nach oben bringt, verabschiede ich mich von Karine und bedanke mich für diesen ungewöhnlichen und beeindruckenden Einblick in die vielleicht außergewöhnlichste Metrostation von Paris. Die Metro lässt mich jedoch noch nicht los. Ich nehme die von Regisseuren geschätzte Linie 3bis, um in Richtung des Friedhofs Père Lachaise zu fahren. Während die Metro durch die dunklen Tunnel fährt, denke ich an all die Filmhelden, die im unterirdischen Paris ihrem Schicksal entgegeneilen: Da ist die kleine, hochbegabte Ratte Rémy im Disney-Animationsfilm *Ratatouille,* die durch die Kanalisation zu einem Gourmet-Restaurant geschwemmt wird und dort zum *chef de cuisine* aufsteigt. Hier lebt auch das traurige Gespenst in Joel Schumachers Musical-Verfilmung *Das Phantom der Oper.* Und ich sehe das kleine freche Mädchen Zazie (Catherine Demongeot) aus Louis Malles gleichnamigem Film vor mir, das unbedingt den Untergrund von Paris sehen will. Als sie am Morgen nach einer wild durchfeierten Nacht endlich mit ihrem Onkel Gabriel (Philippe Noiret) die Metro nehmen kann, schläft sie bereits tief und fest. Danach wird sie von ihrer Mutter abgeholt. Im abfahrenden Zug fragt sie Zazie, wie ihr Paris gefallen hat. „Na ja", ist die Antwort. Was Zazie in Paris gemacht habe? „Ich bin gealtert", antwortet das Mädchen.

Die 3bis fährt in die Station Gambetta ein. Umsteigen oder laufen? Ich entscheide mich, zu Fuß bis zum Friedhof Père Lachaise zu gehen. Es ist Zeit, die Geschwindigkeit mit etwas Ruhe zu tauschen.

Eine Allee auf dem Friedhof Père Lachaise

Ein Dorf in Paris
Belleville und
der Friedhof Père Lachaise

Georges Méliès schmunzelt unter seinem dichten Schnurrbart. Sein Lächeln ist in Kupfer gegossen, die Büste steht auf einem crèmefarbenen Grabstein mit der Inschrift *Erschaffer des cinematographischen Spektakels, 1861 – 1938.* Sie komme oft mit ihren Kindern hierher, sagt meine Freundin Camille Bialestowski, die mich heute begleitet. Camille hat die renommierte Filmschule La Fémis absolviert und bei mehreren Kurzfilmen Regie geführt. Da sie vom Friedhof Père Lachaise nicht weit entfernt im Viertel Belleville wohnt, ist sie hier gern mit mir gemeinsam auf den Spuren der Kinogeschichte unterwegs. Den Spaß daran hat sie auch ihren Kindern mitgegeben. In der Familie gilt: Fernsehen nein, ausgesuchte Filme ja, Kulturflanieren dreimal ja! Besonders der neunjährige Sohn ist Fan von Méliès' phantasievollen Kreationen und macht gern Selfies an der Seite des Filmpioniers.

Selbst wenn man den Weg kennt, ist es schwixrig, sich auf diesem Friedhof zu orientieren. Nirgends steht ein Hinweisschild, für kein Grab, für niemanden. Einzig die Grabstätte von Jim Morrison ist leicht zu finden: Seine Fans haben Karten und Wegbeschreibungen ins Internet gestellt. Der Rockstar und Poet ist 1971 hier in Paris gestorben, und noch ein halbes Jahrhundert später pilgern seine Anhänger auf den Friedhof Père Lachaise und schmücken sein Grab mit Kerzen, Blumen, Fotos und Botschaften. „Danke für deine Worte" hat jemand auf Pappe geschrieben.

Aber wo sind die Filmstars Simone Signoret und Yves Montand, wo sind die Regisseure Claude Chabrol und Max Ophüls, wo ist der Schauspieler Jean-Pierre Bacri, der im Januar 2021 gestorben ist? Bacri hat dutzende urkomische Filme und Drehbücher hinterlassen, darunter *Lust auf Anderes* und *Unter dem Regenbogen – Ein Frühjahr in Paris*, Filme, die er mit der Autorin, Regisseurin und Schauspielerin Agnès Jaoui geschrieben und gedreht hat. Während wir durch die Alleen des Friedhofs spazieren, vorbei an mit Moos überwachsenen Grabsteinen, gehen mir Bilder aus *Unter dem Regenbogen* durch den Kopf. Bacri hat auf eine ganz eigene, urkomische Art grummelige Typen gespielt. In diesem Film verkörpert er einen depressiven Fahrschuhlehrer, der von der Weissagung einer Wahrsagerin besessen ist, die ihm sein Todesdatum vorausgesagt hat.

Camille und ich finden endlich einen großen Übersichtsplan, der neben einem der Eingänge des Friedhofs hängt. Wir notieren uns Namen und „Adressen": Carré und Grabnummer.

Im Krematorium, heißt es, stünden die Urnen von Max Ophüls und Jean-Pierre Bacri. Dort angekommen, studieren wir die Aufschriften auf den hohen Urnenwänden. Doch es scheint aussichtslos, es gibt keine thematische und erst recht keine alphabetische Ordnung. Ob Kinomenschen oder anonymer Bürger, im Tod sind sie doch alle gleich. Auch die Suche nach dem Doppelgrab des Schauspieler-Ehepaars Simone Signoret und Yves Montand erweist sich als kompliziert. Auf dem Plan scheint das Grab direkt neben dem Krematorium zu liegen, in Wirklichkeit finden wir hier nur unbekannte Namen auf den Grabsteinen. Weit und breit ist kein Mensch in Sicht, den man fragen könnte. Wir streifen kreuz und quer über die schmalen, halb von Efeu überwucherten Pfade zwischen den Gräbern, landen dann wieder auf einer breiteren Allee. Endlich: Zwei junge Männer kommen uns angeregt plaudernd entgegen.

„Simone Signoret?" Sie setzen zu einer langen Erklärung an. Wieder wandern wir los – und können das mythische Liebespaar nirgends finden. Stattdessen ländliche Stille. Vögel zwitschern, der Wind raunt in den Blättern hoher Bäume. Manche Grabsteine stehen schräg, versinken halb in der Erde. Man vergisst, dass man mitten in Paris, mitten in einer Zwei-Millionen-Großstadt, ist. Da tauchen die beiden jungen Männer erneut auf. Wir geben lachend zu, dass wir nicht fündig geworden sind. „Hier gleich links!", ruft darauf der eine.

Und plötzlich stehen wir vor einer schlichten, hellgrauen Grabplatte. Simone Signoret und Yves Montand. Ihre Namen stehen untereinander auf dem Stein. Eine kleine Pflanzenschale, zwei bunte Blumensträuße und eine kleine Tafel aus Marmor mit der Inschrift *Souvenance de Cinéphile* („Erinnerung von Kinoliebhabern") schmücken das schlichte Grab. „Komm", sagt Camille, „du wirst staunen: Simone Signoret lebt!"

Wir verlassen den Friedhof durch einen Nebenausgang. Vor uns liegt eine Szenerie, die mir bekannt vorkommt: die steil ansteigende Rue Gasnier-Guy mit einem Gefälle von über 17 Prozent. „Ein idealer Ort für Stunts", sagt Camille. Ich meine, einen Drehort von *Kein Sterbenswort* wiederzuerkennen, einem Thriller des Regisseurs Guillaume Canet aus dem Jahr 2006 mit atemberaubenden Verfolgungsjagden in und um Paris. Action, Verstrickungen, Tote: Die Straßennamen rings um den Friedhof passen dazu. Hier gibt es die Rue des Partants, die „Straße der Scheidenden", und auf der anderen Seite die Rue du Repos, die „Straße der (ewigen?) Ruhe".

Doch Camille will mir eher vom ewigen Leben der Stars erzählen. „Das Viertel hier ist voller Bars, Restaurants und Parks, die an Simone Signoret und den Kultfilm *Goldhelm* erinnern", sagt sie. Da ist das Restaurant Le Casque d'Or, 15 Rue Saint-Blaise. Oder der Jardin Casque d'Or, 14 Rue Michel de Bourges.

Goldhelm von Jacques Becker aus dem Jahr 1952 erzählt von Marie, gespielt von Simone Signoret, die wegen ihrer aufgetürmten blonden Haare auch „Goldhelm" genannt wird. Die Geschichte ist Ende des 19. Jahrhunderts im Gaunermilieu angesiedelt, die Bande der „Apachen" herrscht über das Viertel. Ich habe Simone Signoret direkt vor Augen, diese blonde Schauspielerin mit dem eigenwillig schönen Gesicht, wie sie ihren langen Rock rafft und zielstrebig über das Kopfsteinpflaster der Rue des Partants eilt. „Was für eine unglaubliche Schauspielerin", stimmt mir Camille zu. „Eigentlich spielt sie in diesem Film eine Prostituierte, eine *femme de mauvaise vie* (eine ‚Frau mit schlechtem Lebenswandel'). Aber was für eine tolle, starke Frau ist diese Marie in Wirklichkeit: absolut modern, frei und unabhängig!"

Diese freie, starke Frau verkörpert Simone Signoret ihr Leben lang. Sie ist bekannt für ihr linkes politisches Engagement, das sie und ihr Mann Yves Montand auch in das wenig politisierte französische Filmgeschäft einbringen. Simone Signoret nimmt kein Blatt vor den Mund, unterzeichnet den Stockholmer Appell zum Verbot aller Kernwaffen, unterstützt Arbeiterstreiks und protestiert gegen die Niederschlagung des ungarischen Volksaufstands durch die Sowjetunion, gegen Frankreichs Algerienkrieg und gegen das Franco-Regime in Spanien. Ihr Mut und ihr unerschrockenes Auftreten machen sie weltweit zum Vorbild.

In Marie, also in „Goldhelm", sind gleich drei Männer verliebt: zwei Kleinkriminelle und der grundaufrichtige Georges, gespielt von Serge Reggiani. Marie erwidert Georges' Liebe, aber am Ende geht es tödlich aus – für alle drei Männer. „Wir kommen gleich zu der Stelle, wo Simone Signoret und Serge Reggiani sich zum ersten Mal geküsst haben", erzählt mir Camille begeistert. Auf dem Weg dorthin zeigt sie mir noch die Allée Chantal Akerman und gleich nebenan das ehemalige Wohnhaus der 2015 verstorbenen belgischen Filmregisseurin, Drehbuchautorin und Schauspielerin Chantal Akerman. Ein unscheinbares graues Häuschen ist ihres, die 3 Rue Henri Chevreau. „Der Blick nach hinten hinaus ist sicher spektakulär", vermutet Camille. Das Haus steht direkt vor der Petite Ceinture, einer ehemalige Bahnstrecke, die vor fast einem halben Jahrhundert stillgelegt wurde, aber an manchen Stellen noch zugänglich ist.

Chantal Akerman hat die verschiedensten Genres bedient: Experimental- und Dokumentarfilme, Tragödien und Komödien, wie *Eine Couch in New York* mit Juliette Binoche, die als die Pariser Tänzerin Beatrice Saulnier mit einem New Yorker Psychoanalytiker die Wohnung tauscht: Für ihre bescheidene kleine Wohnung in Belleville bekommt sie ein Luxus-Apartment in New York. „Ich liebe die Filme von Chantal Akerman", schwärmt Camille. „Aber über diese angeblich armselige Wohnung in Belleville musste ich lachen! Das war nicht glaubwürdig. Ich fand die Wohnung wundervoll. Viele Regisseure und Regisseurinnen sind ein bisschen realitätsfremd. Sie haben keine Ahnung, wie armselig Pariser Wohnungen wirklich sein können."

Wir durchqueren die steil ansteigenden Rasenflächen des Parc de Belleville und reden über Frauen und den Film. In La Fémis, der Filmschule, an der sie studiert hat, tragen die Vorführsäle die Namen großer Regisseure, erzählt mir Camille. „Einer davon heißt Alice Guy." Sie lacht. „Ist es ein Zufall? Es ist der kleinste aller Säle." Camille hat nachgeforscht: Alice Guy-Blaché ist eine große Filmregisseurin, eine Zeitgenossin von Georges Méliès. Ihren ersten Film, *La Fée aux Choux*, dreht sie 1896. Sie schreibt, produziert und inszeniert über 200 Filme, vor allem Komödien, Musicals und Western. Doch die meisten sind verschollen. Und Guy-Blaché selbst ist vergessen.

Wir sind oben angekommen und blicken von der Aussichtsplattform Belvédère de Belleville, 27 Rue Piat auf die spektakuläre Kulisse von Paris. Mächtig thront der Eiffelturm über den Zinkdächern der Stadt. Ein idealer Drehort! Wenn auch die

Sacré-Coeur-Basilika auf dem Montmartre die klassische und am häufigsten genutzte Kulisse für Küsse oder Erleuchtungen vor dem Pariser Stadtpanorama ist, so spielen auch hier im Parc de Belleville einige Filme. Regisseure, die Paris wie ihre Westentasche kennen, ziehen oft diesen wenig touristischen Ort vor. Der Paris-Filmer Cédric Klapisch ist nur einer davon, aber das beste Beispiel. Jeder seiner Filme ist eine Liebeserklärung, nicht an das Postkartenparis, sondern an ein bestimmtes Stadtviertel und an dessen Bewohner. In seinem 2008 erschienenen Film *So ist Paris* spielt Juliette Binoche die Sozialarbeiterin Élise. Am Anfang des Films steht sie mit ihren drei Kindern hier auf der Aussichtsplattform vor dem Parc de Belleville und schaut auf die Stadt, die sich bis zum Horizont ausbreitet. „Da ist das Panthéon", sagt sie zu den Kindern und zeigt auf die Kuppel. „Und wo ist das Universum?", fragt ihr jüngster Sohn. „Das ist überall", antwortet sie lachend.

Im Film zieht Élise mit ihren Kindern zu ihrem kranken Bruder Pierre (Romain Duris), um ihm Gesellschaft zu leisten, ihn aufzuheitern. Pierre ist Berufstänzer, er arbeitet im Cabaret Lido, muss aber wegen seines Herzens eine Zwangspause einlegen. Die Ärzte raten zur Herztransplantation, die Erfolgschance beträgt allerdings gerade einmal vierzig Prozent. Er wohnt in der 4 Place Martin Nadaud, oberhalb des Friedhofs Père Lachaise. Auch er hat von seinem Balkon einen Blick über ganz Paris. Seine Tage verbringt er nun damit, von dort aus zu beobachten, wie jeder der Vorbeikommenden auf seine ganz eigene Weise zu kämpfen hat: ums materielle Überleben, um Liebe, um Anerkennung.

Wie so oft in Klapischs Filmen ist die Hauptperson die Stadt Paris. Pierre wird vielleicht bald sterben (wir erfahren es nicht), aber Paris ist unsterblich. Der Regisseur zeigt die Stadt von ihrer prächtigsten Seite und in allen Facetten. Von seinem Fenster aus beobachtet Pierre auch die Studentin Laetitia (Mélanie Laurent), die eine Affäre mit ihrem Professor hat. Ihr Stammlokal ist das

Aux Folies, 8 Rue de Belleville. Es ist geschmückt mit Graffiti und so knallbunt und jung, dass sich der Professor alt vorkommt: Roland Verneuil, gespielt von Fabrice Luchini, ist Spezialist für die Geschichte von Paris und wird von einem TV-Sender angeheuert, um den Fernsehzuschauern die Geschichte der Stadt zu erklären. Für Klapisch ist das der ideale Vorwand, um an allen Glanzorten von Paris zu drehen, vom Eiffelturm bis hin zu den Katakomben.

Aber wo hat denn nun Simone Signoret Serge Reggiani geküsst? Wir biegen in die enge Rue du Transvaal ein. „Hier", ruft Camille, „hier, 15 Rue du Transvaal, war der legendäre Kuss in *Goldhelm*!" Rue des Envierges, Rue des Couronnes, Rue des Cascades, Rue de la Mare, Rue de l'Ermitage: In der Nähe finden sich zahlreiche kleine verwinkelte Straßen mit Kopfsteinpflaster. Unfassbar, dass wir im Paris des 21. Jahrhunderts sind! Auch *La vie en rose* zeigt Bilder dieser beinahe dörflichen Umgebung. Édith Piaf verbringt die ersten Wochen ihres Lebens in der 72 Rue de Belleville. Im Film sitzt die Chanson-Sängerin als kleines, weinendes Mädchen im Schmutz des Gehsteigs, während die Mutter versucht, als Straßensängerin ein paar Francs zu verdienen.

Noch heute wirkt dieses Viertel in Paris wie ein kleines Dorf. Die Spelunken aus den Filmen *La vie en rose* und *Goldhelm* sind zwar zu netten Stadtteilkneipen geworden, in denen es weder Messerstechereien noch Zuhälter und Dirnen gibt, und in den urigen Bäckereien und Schreinerwerkstätten befinden sich heute Bio-Backstuben, Cafés und Künstlerlofts. Aber ansonsten ist hier alles wie früher.

Das 20. Arrondissement, das sich von hier über den Friedhof Père Lachaise bis zur Stadtautobahn, dem Boulevard Périphérique, erstreckt, sei der einzige Teil der Stadt, der zum Teil wirklich *populaire* geblieben sei, erklärt mir Camille. *Populaire* – das heißt, hier wohnen noch einfache Leute.

Camilles These beweist auch der Film *Die Klasse* von Laurent Cantet, ein Film, der mit den Bewohnern des Stadtviertels gedreht wird – und der 2008 dafür die Goldene Palme von Cannes bekommt. Cherif, Souleymane, Louise, Khoumba, Esmeralda, Arthur und Lucie besuchen im Film eine Schule in einem Problemviertel hier um die Ecke. Und genau das tun die Darsteller auch im wirklichen Leben. Sie sind Schüler im Collège Françoise Dolto, 354 Rue des Pyrénées. Für die Dreharbeiten sind sie zwar in das Berufsgymnasium Jean-Jaurès in den benachbarten Stadtbezirk umgezogen, aber ihr Schülerleben im Collège Dolto steht im Mittelpunkt des Films. Regisseur Laurent Cantet hat mit den jungen Darstellern in Improvisationsworkshops erarbeitet, wie sie ihre Film-Persönlichkeiten anlegen. *Die Klasse* ist demnach kein Dokumentarfilm, sondern ein Patchwork-Projekt aus Szenen, wie sie sich im Klassenraum ereignen. Sie sind der Spiegel eines realen Kontexts: Die Hälfte der Schüler des Collège Françoise Dolto stammen – jedenfalls zum Zeitpunkt des Drehs – aus armen Verhältnissen, viele davon haben Schreib- und Leseschwächen. Der Film zeigt Schüler, die das Wort *argenterie* (Silberbesteck) mit *argentin* (argentinisch) verwechseln, und die den Sinn von Metaphern nicht begreifen, aber verblüffend schlagfertig und redegewandt sind. Jugendliche, die in jedem Satz *fuck* sagen, aber für sich selbst Respekt einfordern. Die rüpelhaft sind und zugleich liebenswert. Und die für ihr Werk einen der weltweit anerkanntesten Preise und sechs Minuten Standing Ovations bekommen.

„Das wird für immer in unser Gedächtnis eingraviert bleiben", resümiert Mathelehrer Frédéric Faujas. „Diese Erfahrung hat die Schüler besänftigt und es ihnen ermöglicht, eine andere Beziehung zu Erwachsenen und zur Schule aufzubauen. Manche hatten noch nie in ihrem Leben mit irgendetwas Erfolg gehabt." Einer der Filmprotagonisten ist sogar inzwischen Berufsschauspieler geworden!

Hat sich das Viertel in diesen fast fünfzehn Jahren seit *Die Klasse* verändert? Die neue Schuldirektorin hat unlängst der Presse erzählt, dass reiche Zugezogene oft zögern, bevor sie ihre Sprösslinge im Collège Dolto anmelden. Häufig bekäme sie die Frage zu hören: „Geht es in Ihrer Schule wirklich so zu wie im Film?" Dabei sei die Schule vor allem immer human gewesen, sagen ehemalige Schüler des Collège Dolto. Alle hätten zusammengehalten. Sie berichten von einem Viertel, das stellenweise immer noch wie früher sei, das aber auch schicker und teurer werde.

Manches Schicke ist aber auch schön. Zum Beispiel das Restaurant Le Zephyr, 1 Rue du Jourdain ganz in der Nähe. Das seit 1928 unveränderte Art-Deco-Ambiente ist gemütlich, das Essen köstlich, aber eben auch anspruchsvoll: Scampispieße mit Chutney, Schokoladen-Praliné-Dessert mit Whisky-Creme ... Was das mit Kino zu tun hat? Ganz einfach: Es heißt, der deutsche Starregisseur Wim Wenders, der als junger Mensch in den Sechzigerjahren die Cinémathèque française zu seinem zweiten Zuhause gemacht hat, kommt hierher, wann immer er in Paris ist.

Blick von der Dachterrasse der Galeries Lafayette über die Dächer von Paris, 1950er-Jahre

Liebe, Chocolat und Amélie
Montmartre und Sacré-Coeur

Amélie Poulain liebt es, durch die Marktstraßen des Montmartre zu schlendern, etwa durch die Rue Lepic, und ihre Hände in Fässer voller trockener Erbsen zu tauchen oder mit dem Löffel die knusprige Zuckerdecke einer Crème Brûlée zu durchstoßen. Jean-Pierre Jeunet hat mit seinem 2 000 erschienenen Kultfilm *Die fabelhafte Welt der Amélie* weltweit einen der größten Erfolge des französischen Films gelandet.

Amélie, gespielt von Audrey Tautou, liebt es auch, andere aus ihrer Routine zu werfen, indem sie zum Beispiel den Gartenzwerg ihres Vaters kidnappt und ihn mit einer befreundeten Stewardess auf Weltreise schickt, die wiederum Fotos an den verwirrten und etwas einsamen Vater sendet. Und sie liebt Nino, aber in diesem Punkt vertraut sie sich selbst nicht wirklich: Sie muss noch sehr viel mehr träumen und viele verrückte Strategien entwickeln, bevor sie Nino begegnen kann. Für solche poetischen Schachzüge eignet sich der Montmartre phantastisch: die Treppen, die verwinkelten Gassen und verschachtelten Häuser ... Man kann sich in dieser Traumwelt verlieren. Aber erstmal muss man hineinfinden: Denn der wirkliche Montmartre ist nicht in sanfte Sepiatöne getaucht, sondern grellbunt und überlaufen. Zum Beispiel das Café des Deux Moulins, 15 Rue Lepic, wo Amélie als Kellnerin arbeitet. Dieses Café gibt es tatsächlich, es liegt direkt hinter dem Moulin Rouge, und Amélie Poulain zwinkert hinter dem Tresen hervor – auf einem großen Foto. Die echte Kellnerin ist aber nicht versonnen wie Amélie, sie hat es eilig.

Die Amélie-Poulain-Touristen können echt nervig sein, sagt sie knapp: Manche kämen ins Café, machten ein paar Selfies und gingen wieder ohne ein Wort. In einer Ecke des Gastraums steht eine Glasvitrine mit Amélies eigentümlichen Glücksbringern: da ist besagter Gartenzwerg, da ist ihre Lieblingstasse und das Glücksschwein, das Amélies Lampenschirm hält. Vitrine hin oder her: Das Neonlicht in diesem Café ist zu grell, die Musik zu laut. Die Cafégäste grummeln und tuscheln nicht wie im Film, sondern kreischen und lachen aus vollem Hals.

Da hilft nur eins: ruhig und geduldig an seinem Tischchen, auf seinem Bistro-Stuhl auszuharren (Tisch und Stuhl sind jedenfalls schön antik wie im Film). Es braucht Entschleunigung, um in so etwas wie eine „Amélie-Trance" zu geraten, um diesen Blick für das Besondere zu bekommen. Und plötzlich beginne ich wirklich zu schauen: An der Eingangstür hängt an einer halbrunden Metallstange ein theatralischer roter Samtvorhang (wie im Film), durch den ein paar echte Stammgäste das Café betreten. Sie tragen blaue Arbeitshosen mit Farbflecken, stellen sich an den Tresen (mit Marmordekor, ebenfalls wie im Film), plaudern mit der Kellnerin, die auf einmal Zeit hat. Und wem gehört eigentlich dieser kleine schwarze Koffer, der da vor der Theke steht? Doch nicht etwa Amélies Freundin, der Stewardess? Ich beginne in einem anderen Tempo zu leben, sehe mich um, rechne schon fast damit, den eifersüchtigen Dauergast Joseph zu sehen, den Amélie im Film mit der Zigarettenverkäuferin Georgette verkuppelt. Die Kellnerin bringt mir eine Crème Brûlée, und die Zuckerdecke knistert, sobald ich sie mit dem Löffel berühre.

Als ich das Café verlasse, lässt die leicht tiefstehende Sonne die Fassaden golden leuchten. Auf dem Weg zum Laden des tyrannischen Krämers Collignon aus *Amélie* finde ich eine Geheimpassage, le Passage des Abbesses. Das ist nun wirklich Amélies Welt: eine kleine Montmartretreppe, ein Blumenkübel, in dem ein getöpfertes Einhorn ruht, eine Hauswand mit einem Zitat von Oscar Wilde. „Es ist wichtig, Träume zu haben, die so groß sind, dass man sie nicht aus den Augen verliert."

Der Laden des Kleinkrämers im Maison Collignon, 56 Rue des Trois Frères ist geschlossen, die Gässchen werden immer winziger, die Träume größer: Auf einem Rasendreieck sitzt ein Liebespaar, das sich ineinander versunken anschaut, so wie Amélie und Nino, bevor sie sich endlich küssen. Im Film weckt dieser Kuss Amélie aus ihrem Traumschlaf, und dann gerät sogar der Montmartre selbst in Bewegung: Er zittert und schwirrt, als Nino und Amélie auf dem Moped durch die geschwungenen, unendlich pittoresken Sträßchen kurven. Manche sagen ja auch, der ganze Film sei fast wie ein Zeichentrickfilm, weil die Wirklichkeit so sehr stilisiert ist, dass sie phantastisch erscheint. Eine Märchenwelt! Eine Welt wie eine Pralinenschachtel, eine Bonbonniere, schreibt Filmkritiker Laurent Delmas: „Der Mikrokosmos von Montmartre und die Klischees, zu denen der Regisseur sich bekennt – Krämerladen, Bar mit Zigarettenverkauf, Kopfsteinpflaster – diese Bilder gehen um die Welt. Der Film ist so französisch, dass er international wird. In einer Zeit, in der die Globalisierung um sich greift, wird die kleine gewitzte Pariserin Amélie zu einer Art internationalistischem Asterix, Königin eines Weltdorfs in Form einer Bonbonniere. Audrey Tautou und Mathieu Kassovitz sind die neuen Liebendenden einer Menschheit, die zwischen Traum und Wirklichkeit, rosa und grau hin und hergerissen sind."

Ich wähle Rosa, heute lehne ich Grau ab! Ich erklimme den steil ansteigenden Montmartre, der auch Vorlage für ältere Klassiker ist: *Ein Amerikaner in Paris*. Vincente Minnelli dreht sein Liebes-Musical 1951 im Studio in den USA, doch die Szene spielt eindeutig hier, oberhalb vom Parc Jean-Baptiste Clément. Hier wird der abgebrannte Maler Jerry, gespielt von Gene Kelly, von der reichen Kunstmäzenin Milo (Nina Foch) entdeckt.

Ich steige weiter hinauf, gehe schnell an den Touristenfallen am Place du Tertre vorbei – und schon stehe ich vor der Sacré-Coeur, der mächtigen Basilika, die ganz oben auf dem Montmartre thront. Operngesang ertönt von einem kleinen Amphitheater etwas weiter unten. Vor mir liegt Paris: mit der Notre-Dame, dem Arc de Triomphe, den leuchtenden Kuppeln des Invalidendoms und des Panthéons. An diesem Ort, vor diesem schwindelerregenden Stadtpanorama, sind unzählige Filmszenen gedreht worden. In *So ist Paris* von Cédric Klapisch küsst Mélanie Laurent 2008 als Studentin Laetitia ihren Freund Rémy. Audrey Hepburn ist in *Ein süßer Fratz* (von Stanley Donen) fast genau ein halbes Jahrhundert zuvor rund um die Sacré-Coeur auf der Suche nach den „Empathikalisten" – eine ironische Anspielung auf die Existenzialisten – und begegnet Professor Emile Flostre, der aber gar keine Lust hat zu philosophieren, sondern die reizende Jo am liebsten ins Bett locken würde.

Die Aussicht auf Paris ist phänomenal, aber ich wandere den Hügel wieder hinunter, am Moulin Rouge vorbei: Dort bin ich nachher noch verabredet. In der Rue Pierre Fontaine, einer kleinen Straße voller Läden, Bars und anderen Vergnügungsorten, wie das Cabaret La Nouvelle Eve, 25 Rue Pierre Fontaine, bleibe ich vor dem Schaufenster eines Schokoladengeschäfts stehen: A l'Étoile d'Or, 30 Rue Pierre Fontaine. In der Glastür hängt ein Filmplakat von *Die fabelhafte Welt der Amélie*, im Schaufenster steht ein Bildband, auf dessen Einband mir Audrey Tautou entgegenlächelt. Ich gehe hinein, unwiderstehlicher Schokoladenduft strömt mir entgegen. Eine ältere Dame mit langen blond-weißen Zöpfen steht zwischen Pralinen und Konfekt: Sie erinnert mich an eine der tapferen Gallier-Frauen aus Asterix. An den Wänden hängen Zeitungsartikel über die unverwechselbare Dame mit den Zöpfchen: Sie heißt Denise Acabo. Ich spreche sie auf Plakat und Buch an. „Na, Amélie Poulain ist doch direkt hier um die Ecke gedreht worden", sagt Denise Acabo. „Die ganze Truppe war ständig hier bei mir im Laden! Die haben mir auch das Buch da im Schaufenster geschenkt. Die kamen fast täglich. Weil denen meine Schokolade geschmeckt hat! Ist ja auch kein Wunder: Ich verkaufe nur, was mir auch selbst schmeckt." Hinter Glasvitrinen thronen mit Schokolade überzogene kandierte Clementinen, Berge von Nougat und Pralinen. Die alte Dame zeigt auf ein goldenes Tablett mit kunstvollen kleinen Schokoladenpyramiden: „Diese hier heißen Meryl Streep. Das sind ihre Lieblingspralinen! Meryl Streep hat hier direkt nebenan gewohnt. Sie kam häufig, aß die Pralinen direkt hier im Laden, und sie fand sie so köstlich, dass sie mit ihrem wundervollen Akzent ausrief: Oh Denise, oh my God!"

In einer Ecke steht ein dick gepolsterter Stuhl. „Mein Laden ist wie ein literarischer Salon. Die Leute kommen, weil es gemütlich bei mir ist!" Den Stuhl hatte sie einst für Michou aufgestellt: noch eine legendäre Montmartre-Persönlichkeit. Der extravagante Gründer des Cabaret Michou, 80 Rue des Martyrs ist Anfang 2020 gestorben, das Cabaret gibt es aber noch. Er selbst lebt in seinen Chansons weiter und auch in einigen Filmen aus den Siebzigerjahren, darunter *Ein glückliches Jahr* von Claude Lelouch (1973). In diesem Krimi-Liebesfilm spielt sich Michou selbst. Er hat am Anfang des Films einen kurzen Auftritt: Der frisch aus dem Gefängnis entlassene Gauner Simon feiert in Michous Bar Silvester, in illustrer Gesellschaft, unter den Feiernden ist auch Mireille Mathieu.

Denise Acabo holt ein mit großen Buchstaben beschriebenes Blatt aus einer Schublade, liest vor: „Auf dich, meine Denise, auf deine Freundschaft, auf dein wunderschönes Lächeln".

Und jetzt hat die alte Dame feuchte Augen, sie murmelt: „Michou ist zu schnell von uns gegangen", legt das Blatt sorgfältig zurück in die Schublade.

Beim Rausgehen zwinkert mir Audrey Toutou vom Plakat aus zu.

Nicole Kidman und Ewan McGregor als Satine und Christian in Baz Luhrmanns *Moulin Rouge*, 2001

Rotlicht und Rummel
Das Moulin Rouge und Pigalle

Rot-goldene Windmühlenflügel ragen vor mir empor. Einst ließen sich dutzende Mühlen auf dem ländlichen Montmartre finden, viele von ihnen verwandelten sich dann im Laufe des 19. Jahrhunderts in Tanzlokale für die wachsende Bevölkerung. Als Hommage an diese lang vergessene Zeit ziert noch heute eine rote Mühle das wohl berühmteste Cabaret der Welt. Ich stehe vor dem Moulin Rouge, 82 Boulevard de Clichy. „Ich bin mit Jean-Luc Pehau-Sorensen verabredet", sage ich zum Türsteher, der mir sogleich mit galanter Geste die große Glastür aufhält. Jean-Luc Pehau-Sorensen ist der Marketingdirektor dieses legendären Variété-Theaters. Über die weichen roten Teppiche der beeindruckend großen Eingangshalle gelange ich ins Treppenhaus. Der Marketingdirektor hat sein Büro in den oberen Etagen. Das Moulin Rouge ist ein riesiges Gebäude, die Mühle sitzt als Verzierung auf dem Dach. Er steht auf, als ich sein Büro betrete. Ein altes Schwarzweißfoto des Moulin Rouge schmückt seinen Computer-Bildschirm.

Welcher Moulin-Rouge-Film ihm am besten gefalle, frage ich ihn als erstes. Jean-Luc Pehau-Sorensen lässt seinen Blick über seinen mit Dokumenten überladenen Schreibtisch wandern. Er macht eine Pause, um dann zu gestehen: Er liebt sie alle! All die vielen Filme, die das älteste Pariser Variété-Theater in Szene setzen, all die Filme aus ganz verschiedenen Zeiten. Da sind zum einen die aus den Fünfzigerjahren, allen voran *French Can Can* von Jean Renoir (1955). Die Schauspieler-Legende Jean

Gabin spielt den visionären Gründer des Moulin Rouge, Henri Danglard. Er lässt den übermütigen französischen Cancan neu aufblühen, einen Tanz, der lange verboten war: zu erotisch. Die Cancan-Tänzerinnen werfen ihre Beine in die Höhe und zeigen, was sich unter den langen Volant-Röcken verbirgt. Fast ein halbes Jahrhundert später beweist der immense Erfolg von *Moulin Rouge* (2001), des Musicaldramas mit Nicole Kidman und Ewan McGregor als Revuetänzerin Satine und Schriftsteller Christian, dass der Ort nichts von seiner Magie verloren hat. Der australische Regisseur Baz Luhrmann kleidet die Tragik des Liebespaars – Christian ist unsterblich verliebt, Satine todkrank – in aufwühlende Bilder und mitreißende Musik. „Baz Luhrmann hat das Image des Moulin Rouge gewaltig modernisiert", schwärmt Jean-Luc Pehau-Sorensen. Sein Blick wandert zum alten Foto des Moulin Rouge auf seinem Computer. Er spricht vom Spagat zwischen dem Bewahren des alten Flairs und der Notwendigkeit, mit der Zeit mitzuhalten. „Sie werden sehen, unsere Show umfasst beides", sagt er. Ich bin gespannt – natürlich werde ich mir die Revue ansehen!

Auch der Film von Baz Luhrmann vereint Alt und Neu: Songs aus Rock und Pop – unter anderem *All You Need Is Love* von The Beatles, Phil Collins' *One More Night*, *Material Girl* von Madonna. Und es zeigt die wahre Geschichte der ersten Jahre dieses sagenumwobenen Cabarets: Das Moulin Rouge wird 1889 gegründet, die Handlung von *Moulin Rouge* setzt zehn Jahre später ein. „Baz Luhrmann und sein Team haben unheimlich viel recherchiert. Sie sind mehrmals hier im Moulin Rouge gewesen, um sich alles genau anzusehen und sich die Atmosphäre einzuprägen: die Shows, die Kulissen ...", erzählt Jean-Luc Pehau-Sorensen. Der Film wird zwar – ein etwas ernüchternder Umstand – in australischen Studios gedreht, doch Pehau-Sorensen hat ein Wort mitzureden: Per Vertrag lässt Luhrmann das Moulin Rouge an allen wichtigen Entscheidungen teilhaben, auch an der Entstehung des Drehbuchs. „Wir haben sehr darauf geachtet, dass die Geschichte des Moulin Rouge respektiert wird. Nicole Kidman als Satine ist wie eine Mischung der Moulin-Rouge-Legenden La Goulue und Mistinguett. Wenn man sich den Film anschaut, kann man sich die ersten Jahre des Moulin Rouge sehr gut vorstellen." Monsieur Pehau-Sorensen geleitet mich zum Ausgang. Eine Frage brennt mir aber noch unter den Nägeln: „Sie hatten doch Mitspracherecht beim Drehbuch. Haben Sie auch Änderungen eingefordert?" „Ja! Das Ende war zuerst allzu traurig. Nun ist es zwar immer noch traurig – Satine stirbt in Christians Armen an Schwindsucht –, aber das Ende ist grandios. Die letzten Bilder zeigen all diesen schillernden Überschwang von Dekoration und Kostümen. Die Faszination und das Entzücken halten an, überdauern alles."

Im Film umtanzen Satine und Christian einen Pavillon in Form eines Elefanten, der einer heutigen Bollywood-Dekoration entliehen zu sein scheint, den es aber genauso wirklich gegeben hat. Sie singen auf dem Dach des Moulin Rouge und schauen über die Dächer von Paris samt Eiffelturm und Sacré-Coeur. Das alte Paris wird wieder lebendig. Und the show must go on …

Auch bei Woody Allen spielt das Moulin Rouge eine Rolle. In seinem Film *Midnight in Paris* begegnet Gil dort den Malern Henri de Toulouse-Lautrec, Paul Gauguin und Edgar Degas. Wie bereits erzählt, ist Gils Problem, dass er sich in der Jetztzeit, im 21. Jahrhundert, langweilt. Durch einen mitternächtlichen Zauber wird er in die Zwanzigerjahre zurückversetzt. Er verliebt sich in die schöne Adriana (Marion Cotillard), die sich jedoch nach der Belle Époque sehnt. Und voilà: Noch ein Wunder geschieht und sie geraten hier im Moulin Rouge in die Belle Époque Ende des 19. Jahrhunderts. Aber auch die Maler finden ihre Epoche fade und wünschen sich die Renaissance zurück. Also sollte man vielleicht doch lieber dortbleiben, wo (oder besser wann) man gerade ist?

Auch Woody Allen hat übrigens nicht im Moulin Rouge gedreht. Der Marketingdirektor erzählt mir, dass sie täglich geöffnet haben und daher Dreharbeiten quasi unmöglich sind. Aber: Immer dann, wenn ein Filmemacher eine Szene im Moulin Rouge spielen lässt, muss er sich die Erlaubnis einholen. Nur ein einziges Mal wird wirklich länger hier gedreht, nämlich eine Episode der französischen Fernsehserie *L'Art du crime* („Die Kunst des Verbrechens"). Ein Mord passiert in den Kulissen des Moulin Rouge, eine Tänzerin wird verdächtigt, ein Gemälde von Toulouse-Lautrec kommt ins Spiel. Die Dreharbeiten finden statt, als das Moulin Rouge wegen der Corona-Pandemie monatelang geschlossen ist. Statt vor Publikum tanzt ein Teil der berühmten Truppe für die Kameras.

Ich möchte nur allzu gern einen Blick hinter die Kulissen des Revue-Theaters werfen und habe dazu einen Termin mit Margot Dairou, der Assistentin des Marketingdirektors. Sie führt mich in den Fundus des Theaters: eine wahre Schatzkammer voller Federschmuck und Paillettenkostümen, Cancan-Röcken und Diademen, Strass und Satin. „Für die Revue *Féerie*, die Sie nachher sehen werden, brauchen wir insgesamt 1 000 Kostüme und 800 Paar Schuhe", sagt Margot. Die Truppe mit achtzig Künstlerinnen und Künstlern käme übrigens von überall her: „Wir haben vierzehn Nationalitäten. Die meisten sind Australier." Ich muss an den Australier Baz Luhrmann denken, der das Moulin Rouge wie fast kein anderer filmisch gefeiert hat. Doch warum genau Australien? „Die Australier haben viele sehr gute Ballettschulen, aber wenig Stellenangebote für Tänzerinnen", erklärt mir Margot. Und das Moulin Rouge stellt wiederum nur Tänzerinnen und Tänzer mit Ballettausbildung ein – eine Ballettmeisterin reist durch die Welt, um die besten Talente zu finden.

Und ihr Lieblingsfilm? „*Moulin Rouge* von Baz Luhrmann", sagt sie so prompt, als könnte sie meine Gedanken lesen. „Es ist der Film meiner Generation, ich bin mit ihm großgeworden!"

Wir machen kurz im Saal halt. Schwarz gekleidete Kellner flitzen herum, decken die Tische für die erste Vorstellung, ein sogenanntes *dîner spectacle*, eine Show mit Abendessen. Leises Klirren erfüllt den Raum, Gläser und Besteck werden poliert: Der Raum pulsiert vor Erwartung der anstehenden Revue, des großen Spektakels. Die zweite Vorstellung beginnt um elf Uhr abends – und ich bin eingeladen!

Bis es soweit ist, habe ich noch Zeit. Ich möchte zur Bar à Bulles, 4bis Cité Véron. Die Terrasse ist zwar über unseren Köpfen, aber der Weg dahin ist nicht ganz einfach zu finden. Margot hat ihn mir geschildert: Vom Boulevard de Clichy aus führt ein schmiedeeiserner Torbogen in die Cité Véron, eine schmale Gasse mit Kopfsteinpflaster. Kleine Häuser mit Vorgärten, an den Gartenzäunen ranken sich Efeu und Passionsblumen nach oben. Es ist kaum vorstellbar, dass sich nur wenige Meter von hier der lärmende Boulevard mit seinen Sexshops, wilden Nachtclubs und weltberühmten Variété-Theatern befindet. Die halbe Gasse hoch stehen zwei Dutzend junger Leute Schlange. Die Bar à Bulles öffnet um sechs Uhr abends, aber die Kneipengänger haben sich schon vorher eingefunden, um auch sicher einen Platz zu bekommen. Sie sind schick gekleidet, wirken cool und selbstbewusst. Das Publikum für „a place to be". Auch ich stelle mich an und bin gespannt.

Und ja: Der Ort ist wirklich außergewöhnlich. Nicht etwa aufgesetzt stylisch, sondern gemütlich mit bunten Lampions und zusammengewürfelten Holzmöbeln, mit kleinen Treppen, die zu verschiedenen Terrassen führen. Ganz oben ist schließlich die Terrasse, auf der Satine und Christian ihre Liebe besungen haben!

Hier sitze ich neben den Flügeln des Moulin Rouge, blicke auf die Kulisse der nächtlichen Stadt, deren tausend Lichter sich nun vor mir ausbreiten.

Als ich um 11 Uhr abends gebannt auf den Beginn der Show warte, ist meine Freundin und Filmemacherin Camille Bialestowski wieder an meiner Seite. Und wir genießen alles, vom ersten Augenblick an. Auf einer kleinen Empore bekommen wir ein Tischchen zugewiesen. „Wünschen Sie Champagner?", fragt ein vornehm gekleideter Kellner. Und ob! Er bringt einen Sektkübel und lässt den Korken knallen.

Es geht los – Vorhang auf! „C'est féerique! Das ist märchenhaft!", singen sie im Chor: Mehrere Dutzend Tänzerinnen mit roten Federn stolzieren über die Bühne, sie drehen sich schneller und schneller ... Der ganz in Rot gehaltene Saal vibriert mit: *C'est féerique!* Und wir scheinen mitten im Film zu sein, im Moulin Rouge von Baz Luhrmann, in dem Nicole Kidman als Revuetänzerin Satine beim Tanzen auch immer schneller wird, in Trance gerät. Auf der Bühne nun ein wilder Wechsel von chinesisch anmutenden Kulissen, von Tempeln und orientalischen Pavillons, dann erscheint Satines Elefant als aufwendig glitzernde Bühnendekoration. Fast am Ende des rauschenden Spektakels wird ein französischer Cancan getanzt, die Tänzerinnen wirbeln herum mit blau-weiß-roten Volantröcken und schleudern die Beine in die Luft. Ein Hauch von Jean Renoirs *French Can Can*.

Zu sehr später Stunde verlassen Camille und ich das legendäre Cabaret, benommen und beseelt. Das wilde Leben tobt auf den Straßen, Menschenmassen strömen in Nachtbars und Clubs. Wir gehen den Boulevard de Clichy hinunter. Auf dem Place Pigalle flimmern die Neonlichter der Clubs und Sexshops durch die Nacht, ein beliebter Schauplatz für ein ganz anderes Genre: den Krimi. Die Franzosen nennen ihn *polar* oder *film noir*. Ich denke an all die Szenen, in denen Polizisten ihre Informanten in solchen Clubs treffen: *Der Chef* (1972) von Jean-Pierre Melville mit Alain Delon als eiskaltem Kommissar Edouard Coleman. Im Pariser Rotlichtmilieu tritt seine Kälte noch deutlicher hervor. Oder ein gutes Jahrzehnt später *Der Bulle von Paris* (1985) von Maurice Pialat mit Sophie Marceau, Sandrine Bonnaire und Gérard Depardieu, der den brutalen Bullen Mangin spielt. Im Laufe der Ermittlungen verliebt er sich in Sophie Marceau alias Noria.

Zum Zeitpunkt des Drehs sind die beiden jungen Schauspielerinnen gerade mal siebzehn, achtzehn Jahre alt. Marceau erzählt später, diese Dreharbeiten seien die Hölle gewesen: Regisseur Maurice Pialat habe alles getan, um sie zu provozieren und in die Enge zu treiben, um das Letzte aus ihr herauszuholen. Er habe Gérard Depardieu dazu angehalten, ihr echte Ohrfeigen zu geben. Und Depardieu habe mitgemacht. Wie weit war die Schauspielerin von ihrem niedlichen ersten Film *La Boum* mit den zarten Liebesabenteuern einer Schülerin entfernt!

Wir beenden unsere nächtliche Tour auf den Spuren von François Truffaut. Hier, unweit vom Place Pigalle, in der Rue Pierre Fontaine, entstehen Szenen seines Meisterwerks *Sie küßten und sie schlugen ihn* (1959), der erste Langfilm des damals 27-jährigen Regisseurs und Mitbegründer der Nouvelle Vague. Die Außenaufnahmen dreht Truffaut in der Avenue Frochot, auf dem Place Gustave Toudouze, in der Rue Henry Monnier und der Rue Clauzel.

Truffaut ist genau hier, im Pigalle-Viertel, aufgewachsen, das er mit der gleichen Liebe in Szene setzt wie seinen jugendlichen Helden: Der zwölfjährige Antoine Doinel, gespielt von Jean-Pierre Léaud, lehnt sich gegen die autoritären Erwachsenen auf, vor allem gegen seinen strengen, ungerechten Lehrer. Er schwänzt immer öfter die Schule und stromert mit seinem Schulfreund René (Patrick Auffay) durch das Stadtviertel. Die Kluft zwischen Antoine und den Erwachsenen wird immer größer, auch seine Lügen. Nachdem er unentschuldigt in der Schule gefehlt hat, behauptet er, seine Mutter sei gestorben. Als die Lüge auffliegt, reißt er von zu Hause aus und verbringt die Nacht draußen. Truffaut filmt Antoine, wie er sich morgens das Gesicht im Brunnen vor der Kirche wäscht: Es ist die Fontaine de l'Église de la Sainte-Trinité, Place d'Estienne d'Orves.

Der Film selbst ist zwar Fiktion, aber Vieles darin ist Truffauts Leben entnommen: die lieblose Mutter, der Stiefvater, der brutale Lehrer. Die tagelangen Streifzüge durch das Pigalle-Viertel, wenn François Truffaut mit seinem besten Freund Robert Lachenay die Schule geschwänzt hat. Im Making-of des Films erzählt dieser Freund von phantasievollen, im Namen der Eltern angefertigten Entschuldigungsschreiben, von Truffauts Fluchten aus dem Elternhaus, vom nächtlichem Kinoplakate-Klauen: Auch Truffaut war schon als Schuljunge ein Kinonarr. Über seinen Filmhelden Antoine Doinel, den der damals fünfzehnjährige Jean-Pierre Léaud meisterhaft verkörpert, sagt Truffaut einmal: „Diese erfundene Person ist die Synthese zwischen zwei wirklichen Personen, zwischen Jean-Pierre Léaud und mir selbst."

Die kleinen Diebstähle in *Sie küßten und sie schlugen ihn* halten sich zunächst in Grenzen: Kinoplakate, eine Flasche Milch am Morgen nach der draußen verbrachten Nacht ... Schließlich klauen Antoine und sein Freund René in der Firma von Antoines Stiefvater eine Schreibmaschine. Es gelingt ihnen aber nicht, sie zu verkaufen. Absurderweise wird Antoine beim Versuch ertappt, die Maschine unbemerkt zurückzubringen. Und nun landet er in der grauen Trostlosigkeit eines Polizeikommissariats. Am Ende lässt ihn seine Mutter in ein Heim für schwererziehbare Jugendliche stecken. All das ist auch autobiographisch inspiriert: Truffaut klaute als Sechzehnjähriger tatsächlich eine Schreibmaschine, und zwar um einen Filmclub zu finanzieren, den er und sein Freund Robert Lachenay eröffnet hatten. Und er wurde ebenfalls in eine Anstalt für jugendliche Straftäter gesteckt.

Sein Freund Robert Lachenay erzählt aber auch von schönen Erinnerungen. Die Jungen, beide fanatische Kinofans, konnten hier aus dem Vollen schöpfen: Auf den Boulevards um den Place de Clichy und im umliegenden Viertel gab es damals über zwanzig Kinos! Das 1928 eingeweihte Studio 28, 10 Rue Tholozé existiert noch heute. Hier liefen sowohl die Erfolgsfilme der Marx-Brothers als auch Avantgardefilme wie der surrealistische Film von Luis Buñuel *Das goldene Zeitalter* (1930): mit Skorpionen, Räubern und Liebesspielen im Schlamm. Dieses romantische kleine Kino ist auch der Zufluchtsort für Amélie in *Die fabelhafte Welt der Amélie*.

Doch die meisten der einstigen Kinos sind heute verschwunden. Darunter der legendäre Gaumont Palace, der wie ein gigantisches Kreuzfahrtschiff in den Place de Clichy hineinragte. Léon Gaumont, der Gründer des Filmriesen Gaumont, lässt den Kinopalast von 1898 bis 1900 bauen, rechtzeitig vor der Weltausstellung von 1900. Auf dem Platz, auf dem zuvor die Pferderennbahn des Montmartre die Wettlustigen angelockt hat, will er das größte Kino der Welt mit 6 000 Plätzen errichten. Dieses Megakino wird 1973 abgerissen. In *Sie küßten und sie schlugen ihn* verbringt Antoine mit seiner Mutter und seinem Stiefvater dort noch einen Abend: Im ganzen Film sind es die einzigen vergnüglichen Augenblicke im Familienkreis.

Marlene Dietrich wohnte bis zu ihrem Tod 1992 unweit des Arc de Triomphe, Foto um 1956

Kreisen um die Macht
Arc de Triomphe und Place de l'Étoile

Marlene Dietrich trägt einen extravaganten Hut und wirkt melancholisch … Sie schaut durch ein Flugzeugfenster direkt auf den Pariser Arc de Triomphe. So beginnt der 1937 erschienene Film *Engel* von Ernst Lubitsch.

Seit 1970 heißt der Platz um den Arc de Triomphe Place Charles de Gaulle, doch die Pariser sagen weiterhin Place de l'Étoile, „Sternplatz", wie er davor über hundert Jahre lang hieß. Das hat etwas mit seiner architektonischen Besonderheit zu tun: Die von diesem Platz ausgehenden zwölf Avenuen, darunter die Avenue des Champs-Élysées, bilden einen riesigen Stern. Und das sieht Marlene Dietrich vom Flugzeug aus besonders gut. Auch den Kreisverkehr um den Arc de Triomphe kann sie beobachten. 1937 war der noch überschaubar.

Heute geraten Autofahrer ins Schwitzen: In diesem Kreisel scheint es keine Fahrspuren und keine Regeln zu geben, jeder überholt, wie er will, die Autos brausen wie besessen über den Platz. Doch es liegt bestimmt nicht nur am wilden Autoverkehr, dass Arc de Triomphe und der Platz rundherum die Kulisse für unzählige Filmszenen sind.

Auf den Kreisverkehr des berühmten Platzes spielt Éric Rohmer in *Place de l'Étoile* an: Sein Protagonist, der elegante Verkäufer Jean-Marc, eilt flott mit Schirm und Charme von der Metrostation Charles de Gaulle – Étoile zu seinem Arbeitsplatz, einem schicken Herrenausstatter in der Avenue Victor Hugo.

Eines Tages trifft er auf seinem Weg einen aggressiven Mann. Es kommt zu einem kurzen Nahkampf, Jean-Marc wehrt sich mit seinem Regenschirm, der Fremde stürzt und bleibt regungslos liegen, neben ihm der Schirm. Jean-Marc flüchtet ohne Schirm, und Éric Rohmer filmt ihn, wie er in den folgenden Tagen schneller und schneller den Arc de Triomphe umrundet: Jean-Marc hat Angst, den Mann umgebracht zu haben, er zittert davor, von der Polizei gefunden zu werden ... Doch nichts passiert. In der letzten Szene löst Rohmer das Rätsel. Jean-Marc wird Zeuge eines Handgemenges in der Metro – verursacht von genau jenem plötzlich wieder sehr lebendigen Fremden: Der macht das nur, um Regenschirme zu klauen! Die Geschichte des Films sei auf das Engste mit dem Platz und Pariser Eigenheiten verbunden, erklärt Éric Rohmer. „Was ist auf diesem Platz? Autos und Fußgänger. Ich habe mich für die Fußgänger entschieden [...]. Mein Protagonist steigt in der Avenue de Wagram aus der Metro, und sein Arbeitsplatz ist auf der anderen Seite des Platzes." Rohmer wollte, dass sein Protagonist rennt. „Kein einziger Pariser hat es so eilig, dass er vierhundert Meter am Stück rennt. Mein Protagonist musste also Angst vor etwas haben."

Fast dreißig Jahre zuvor filmt Jean Renoir den Sternplatz für seine Kriminalkomödie *Das Verbrechen des Herrn Lange* (1936), die auch durch außergewöhnliche Kameraeinstellungen neue Maßstäbe setzt: Darin umrundet Charles mit dem Fahrrad den Triumphbogen, er tritt wie ein Irrer in die Pedale, um das neue Heft des Bestseller-Fortsetzungsromans „Arizona Jim" auszuliefern.

Auch Zazie im gleichnamigen Film von Louis Malle (1960) landet hier. Die Göre sitzt mit ihrem Onkel Gabriel und einer mysteriösen Dame im violetten Rüschenhut in einem offenen Wagen, dessen Karosserie unterwegs abhandengekommen ist. Nur das Fahrgestell und die violetten Schutzbleche an den Rädern sind noch übrig. Das merkwürdige Gefährt steckt als Geisterfahrzeug im Endlosstau und wird von anderen Fahrzeugen rückwärts geschoben. Einer der damaligen Regieassistenten, der Filmemacher Philippe Collin, erinnert sich im Making-of, wie einfach es damals war, Drehgenehmigungen für die unglaublichsten Abenteuer zu bekommen (falsch herum in Einbahnstraßen einbiegen) oder sogar ganze Straßen für die Dreharbeiten sperren zu lassen …

Doch die Genehmigung, *gegen* die Fahrtrichtung um den Arc de Triomphe zu fahren, hatte das Team wohl nicht. Ein anderer Regieassistent, Olivier Gérard, erzählt, das sei eine spontane Entscheidung von Louis Malle gewesen und habe einen mittelgroßen Skandal ausgelöst: „Der Polizeichef sah rot! Wir mussten den Produzenten anrufen, damit der ihn beruhigte." In *Zazie* kommen die Fahrzeuge nur zäh voran. Die Geschwindigkeit steckt vielmehr in den Dialogen – die schlagfertigen Antworten der rotzfrechen Zazie kommen in Sekundenschnelle, während sich die Autos im Schneckentempo im Kreis bewegen.

In anderen Filmen scheint die Kreisbewegung um den Arc de Triomphe ganz zu erstarren. Weil es jetzt so richtig spannend wird! Der Sternplatz ist der Ort des Showdowns: Hier wird der Böse erschossen oder auch der Gute, hier beginnt politischer Umsturz oder Liebesverrat.

Im Kriminalfilm *Der Chef* von Jean-Pierre Melville (1972) stirbt der Gangster Simon (Richard Crenna) tragisch vor der Kulisse des Arc de Triomphe. Er kommt aus dem Hotel Splendid – heute heißt es Hôtel Splendid Étoile, 1 Avenue Carnot. Polizeikommissar Edouard Coleman, gespielt von Alain Delon, erschießt ihn, ohne eine Miene zu verziehen – vor den Augen von Simons Geliebter Cathy (Catherine Deneuve), die mit dem Kommissar eine Affäre hatte. Wenn dann Alain Delon alias Coleman, den kühlen, blauen Blick starr nach vorn gerichtet, zu seinem nächsten Tatort fährt, ist der immer kleiner werdende Arc de Triomphe durch die Heckscheibe seines Autos zu sehen.

Der Arc de Triomphe als Kulisse eines unterschwellig dramatischen Moments? Das ist er auch bei Claude Chabrol: In seinem Film *Die untreue Frau* (1969) setzt Charles Desvallées (Michel Bouquet) vor dem Arc de Triomphe seine Frau Hélène (Stéphane Audran) ab – und er ahnt, dass sie ihren Liebhaber besucht. Er schaut ihr nachdenklich hinterher, die scheinbar harmonische Ehe beginnt im Schatten des Pariser Wahrzeichens zu zerbröseln.

Manchmal geht es aber auch weniger unterschwellig zu: Der Arc de Triomphe ist ein Machtsymbol und wird als solches ganz real in Szene gesetzt. Das zeigt Chris Marker in seinem Dokumentarfilm *Le Joli Mai* (1963): Eine zackige Militärparade zu Ehren der Jungfrau von Orléans findet statt, Charles de Gaulle in Militäruniform fährt im offenen Wagen langsam die Avenue des Champs-Élysées entlang. Anschließend erscheint der Arc de Triomphe wie im Zeitraffer: Autos flitzen um ihn herum, scheinen zu wirbeln wie Blätter im Sturm.

So richtig laut wird es um den Arc de Triomphe, wenn er zum Wahrzeichen politischer Kämpfe wird. Am 1. Dezember 2018 stürmen die sogenannten Gelbwesten den Triumphbogen. Die Bewegung der „Gilets Jaunes" hatte zwei Wochen vorher begonnen, am 17. November 2018, mit Protesten gegen die Erhöhung der Kraftstoffsteuer. Bald weiten sich die Forderungen auf globalere Fragen aus: soziale Gerechtigkeit und Basisdemokratie, Anhebung von Mindestlohn und Renten. An diesem dritten Demo-Samstag – „Akt III" im Jargon der Gelbwesten – kommt es zum Chaos: Vor dem Arc de Triomphe liefern sich Demonstranten und Polizisten Straßenschlachten – Tränengasgranaten gegen Pflastersteine. Die Gelbwesten sprühen Slogans auf das Wahrzeichen: „Die Gelbwesten werden triumphieren" und „Rücktritt von Macron". Sie dringen in Ausstellungsräume im Momument ein, zerstören dort Kunstwerke und klettern auf die Plattform auf dem Dach des Triumphbogens.

Mehrere Filme haben diesen dramatischen Moment verewigt. Der 2021 erschienene Spielfilm *La Fracture* („Der Bruch") von Catherine Corsini beginnt damit, wie an diesem Dezembersonnabend zwei Gelbwesten-Aktivisten in Richtung Demonstration unterwegs sind. Sie grölen den Schlager *Oh Champs-Élysées!* Doch einer der beiden wird auf der Demo von einer Polizeigranate verletzt und ins Krankenhaus eingeliefert. Danach verlagert sich die Perspektive des Films: In der Notaufnahme des Pariser Krankenhauses werden viele weitere verletzte Demonstranten eingeliefert, im übervollen Wartesaal verfolgen sie den Sturm auf den Arc de Triomphe auf dem Fernsehbildschirm. Dort bringt ein Infokanal die Bilder gewaltiger Zusammenstöße und explodierender Fahrzeuge, die angeheizte Stimmung draußen spiegelt sich in den Gesichtern der Beteiligten. *La Fracture* wird 2021 bei den Internationalen Filmfestspielen von Cannes für die Goldene Palme nominiert.

Der Dokumentarfilm *Un pays qui se tient sage* von 2020 („Ein Land, das sich brav verhält") stammt von David Dufresne, einem unabhängigen Journalisten. Dieser hat während der Gelbwestenbewegung über Polizeigewalt Buch geführt und spielt nun mit dem gewählten Filmtitel auf ein Ereignis parallel zu den Geschehnissen an. Auch Gymnasiasten haben sich der Bewegung angeschlossen und ihre Schulen blockiert. Bei einer dieser Blockaden zwingen Polizisten Schüler dazu, sich auf erniedrigende Weise auf den Boden zu knien und die Hände hinter dem Nacken zu verschränken. „Endlich mal eine Schulklasse, die sich brav verhält", kommentiert eine Stimme, offenbar die eines Polizisten, auf diesem Video, das in den sozialen Netzwerken die Runde macht.

Auf dem Filmplakat von *Un pays qui se tient sage* ist der Arc de Triomphe am oberen Bildrand zu sehen. Vorn im Bild ist ein Smartphone, das auf Polizisten in Helm und Schutzausrüstung zoomt. Der ganze Film setzt sich aus Videos von Demonstranten und Journalisten zusammen. Doch wer genau filmt da und aus welcher Perspektive? Was ist die Wahrheit, und kann ein Dokumentarfilm Wahrheit überhaupt einfangen? In Interviews versucht Dufresne, alle Seiten zu Wort kommen zu lassen: Demonstranten und Vertreter von Polizeigewerkschaften, Historiker und Kriminologen. Im Abspann sind auch all diejenigen genannt, die ein Interview abgelehnt haben: Staatsanwaltschaft, Polizeichef, Polizeipräfektur. Die Suche nach der Wahrheit entpuppt sich als schwierig. *Un pays qui se tient sage* erhält 2021 den Lumière-Preis für den besten Dokumentarfilm.

Von Marlene Dietrich über Zazie bis zu den Gelbwesten: Der Bogen ist so groß wie der Kreis zwischen der Avenue des Champs-Élysées und der gegenüberliegenden Avenue de la Grande Armée. In *Engel* begibt sich Marlene Dietrich übrigens kein einziges Mal zum Arc de Triomphe, obwohl sie ihn vom Flugzeugfenster aus so eingehend betrachtet hat. Sie stattet Paris nur eine Stippvisite ab, gerade lang genug, um sich im Salon der exilierten russischen Großfürstin Anna in einen adretten Lebemann zu verlieben. Im wirklichen Leben hat sie hier ganz in der Nähe gewohnt … Dazu mehr im folgenden Kapitel.

Jean-Paul Belmondo und Jean Seberg bei den Dreharbeiten zu *Außer Atem* auf den Champs-Élysées, 1959

Glanz, Glamour und Tempo
Les Champs: Die Avenue des Champs-Élysées

Die demonstrierenden Gelbwesten im Dokumentarfilm *Un pays qui se tient sage* marschieren die Avenue des Champs-Élysées hinunter. Ihr Ziel: der Elysée-Palast, Sitz des Staatspräsidenten Emmanuel Macron, 55 Rue du Faubourg Saint-Honoré. Doch sie kommen nie auch nur in die Nähe: Gewaltige Polizeiaufgebote blockieren den Zugang, es kommt zu Zusammenstößen. Die im November 2018 geborene Bewegung ist nach über sechs Monate dauernden Protesten allmählich abgeflaut – zumindest vorerst.

Auch ich spaziere die Prachtavenue hinunter, vorbei an bombastisch dekorierten Schaufenstern von Autohäusern und Modeläden. Hier treffen sich flanierende Touristen, shoppende Pariser oder die sogenannten Banlieusards – Leute, die aus den Vorstädten kommen. Eine entspannte, friedliche Stimmung, als hätte es die Proteste nie gegeben.

Ich bin mit Thierry Béné verabredet. Der Psychologe beschäftigt sich heute vor allem mit der Psyche von Filmfiguren. Und er liebt alte Kinosäle, über die er im Internet Artikel veröffentlicht. Unser Treffpunkt ist das Kino Gaumont Champs-Élysées, 31 Avenue des Champs-Élysées. Schon von Weitem sehe ich eine lange Schlange auf dem Trottoir stehen. Und das am frühen Nachmittag! Thierry winkt mir zu. „Wie schade, dass die Leute anstehen, um Fussballklamotten zu kaufen", sagt er. Ich bin verwirrt: „Ich dachte, die stehen vor dem Kino an!" Aber nun sehe ich es auch: Die Leute warten vor der Boutique des

Fußballclubs PSG Paris Saint-Germain, direkt neben dem Kino. Thierry blickt die Champs-Élysées entlang. „Ich freue mich, dich zu treffen – aber wo fangen wir an?"

Gute Frage. Die Avenue ist ein Konzentrat an Filmgeschichten und Drehanekdoten, Stars lebten und leben hier oder haben hier wilde Nächte verbracht, es ist der Ort von Kultfilmen und ein Mekka der Cinephilen. Wir gehen über die Straße und bleiben vor einer modernen Fassade mit großen Fenstern, 38 Avenue des Champs-Élysées, stehen. „Hier war einmal das schickste Kino von ganz Paris: das Colisée. Es ist 1913 eröffnet worden", erzählt Thierry. „Der Eintrittspreis war so teuer, dass nur gut betuchte Leute sich das leisten konnten. In den Dreißigerjahren liefen hier zum Beispiel *Ein sonderbarer Fall* von Marcel Carné und *Die Spielregel* von Jean Renoir. In beiden Filmen kommt die Bourgeoisie schlecht weg – und die Zuschauer waren beide Male furchtbar wütend darüber, für so einen Film derart viel Geld ausgegeben zu haben. In ihrer Wut haben sie doch tatsächlich die Kinosessel kurz und klein geschlagen!" „So hitzig?", frage ich erstaunt. Heute sind beide Filme große Klassiker. Schwer vorstellbar, dass sie damals einen solchen Zorn ausgelöst haben. Thierry nickt amüsiert.

Wie viele andere Kinos auf den Champs-Élysées ist auch Le Colisée inzwischen verschwunden. Der damalige Besitzer, der Filmgigant Gaumont, hat es 1988 verkauft, das Gebäude wurde abgerissen. „Gaumont war damals in großen finanziellen Schwierigkeiten. Und so eine Immobilie auf den Champs-Élysées brachte natürlich viel Geld ein." Thierry erzählt weiter von den großen goldenen Zeiten, als die Avenue des Champs-Élysées das Schaufenster der sogenannten siebten Kunst war. 1930 öffnete in der 72 Avenue des Champs-Élysées das L'Ermitage mit seinen rehbraunen Ledersesseln, die so bequem waren, dass manch einer während einer langweiligen Passage auch mal einnickte, umhüllt von Zigarrenrauch. Weitere Filmpaläste folgten: Le Pathé Marignan öffnete 1933, Le Normandie 1937. Dazu Le Biarritz, Le Cinéma des Champs-Élysées, Le Raimu, Le Lord Byron ... und viele, viele mehr. Ob Filmzeitschriften wie *Cahiers du Cinéma*, ob Produzenten oder Staragenturen: Büros oder Stammlokale befanden sich in der Prachtavenue und ganz in der Nähe. „Auf einer Strecke von 300 Metern", erinnert sich Emmanuel Papillon, Direktor des Louxor-Kinos im Pariser Norden, „begegnete man den Bossen sämtlicher großer Filmfirmen. Sie brauchten nur die Avenue hochzugehen und trafen hundertprozentig auf jemanden, der im Film arbeitete. In all den kleinen Restaurants rund um die Champs-Élysées war der Film das einzige Tischgespräch!"

In den Siebzigerjahren hatte die „Avenue der siebten Kunst" dem Kinomagazin *Premiere* zufolge über sechzig Kinosäle – heute sind sie fast alle verschwunden. Das Viertel ist zu schick und zu dünn besiedelt, die Immobilienpreise steigen rasant, während die Zahlen der Kinobesucher sinken. Luxusgeschäfte und Boutiquen, aber auch Fast-Food-Läden und preiswerte Shops haben nach und nach die Kinos verdrängt. Und das hat sicher auch damit zu tun, dass seit 1977 die Vorortbahn RER auf dem „Sternplatz" ankommt. Die Station Charles de Gaulle – Étoile ist somit der Ankunftsort der Banlieue-Bewohner, ein weiterer Faktor, der die Avenue verändert hat: vom Kinomekka zur Shoppingmeile, auf der Studien zufolge von den einhunderttausend Personen, die hier täglich flanieren, nur noch fünf Prozent Pariser sind. Diesen Umwälzungen haben nur wenige Kinos hier im Viertel standgehalten, darunter das Programmkino Le Lincoln in einer Seitenstraße der Champs-Élysées, 14 Rue Lincoln, und das Studio de l'Étoile, 14 Rue Troyon – inzwischen umbenannt in Club de l'Étoile. Ende der Vierzigerjahre und in den Fünfzigerjahren tagt hier *Objectif 49*, der Filmclub des berühmten Filmkritikers André Bazin, und zeigt zukunftsweisende Filme. Heute organisiert der Club de l'Étoile vor allem Vorführungen für die Filmbranche. Auf der Avenue des Champs-Élysées selbst haben nur drei große

Kinos überlebt: Le Publicis, 129 Avenue des Champs-Élysées, Gaumont Champs-Élysées, 31 Avenue des Champs-Élysées und l'UGC Normandie, 116bis Avenue des Champs-Élysées.

Ein Festival versucht, den Glanz der glorreichen Vergangenheit aufrechtzuerhalten: Das Champs-Élysées-Filmfestival nimmt jeden Sommer französische und amerikanische Autorenfilme ins Programm und vergibt mehrere Filmpreise. Beim Flanieren mit Thierry fällt mir etwas ein, was ich erst kürzlich gelesen habe: „War hier nicht eine berühmte Agentur für Filmstars? Artmedia? Die Agentur von Romy Schneider?", frage ich. „Ja! Und von Yves Montand, Gérard Depardieu, Jean-Paul Belmondo, Catherine Deneuve, François Truffaut, Isabelle Adjani, Jean-Paul Belmondo, Sophie Marceau ..." Thierry gerät ins Schwärmen. Wir gehen zum Haus 10 Avenue George V, direkt gegenüber vom Restaurant Le Fouquet's, ehemals Sitz der legendären Agentur Artmedia. Auch sie ist mittlerweile aus dem immer teurer werdenden Viertel weggezogen, in die 42–44 Rue de Paradis zwischen Nordbahnhof und Grands Boulevards. Für die herrliche Serie *Call my Agent!* hat Artmedia übrigens Pate gestanden: Darin versucht der fiktive Agent Mathias Barneville (Thibault de Montalembert), einen Job oder zumindest ein Praktikum für seine uneheliche Tochter Camille (Fanny Sidney) zu ergattern. Bei der César-Verleihung treffen die beiden auf Dominique Besnehard – ein Star-Agent in Frankreich, der sich hier selbst spielt. Dieser verspricht, Camille unter seine Fittiche zu nehmen. Der französische Titel – *Dix pour cent* („Zehn Prozent") – verweist auf den Anteil an den Gagen, den die Agentur einkassiert. Besnehard ist von 1986 bis 2006 in der Agentur Artmedia am Ruder, mit so viel Erfolg, dass er von seinen Schützlingen *la fée clochette* genannt wird: also „Tinker Bell" nach der einfallsreichen Fee aus *Peter Pan*. Besnehard entdeckt immense Talente, wie Sophie Marceau, Béatrice Dalle und später Audrey Tautou. Im Film *Call my Agent!* heißt die Agentur

ASK. Und sie hat Konkurrenz: die ebenso fiktive Agentur Starmedia. Man spürt richtig, welchen Spaß die Erfinder der Serie daran hatten, Hinweise zu verstecken.

Wir verweilen noch ein bisschen in der eleganten Atmosphäre der Stadt und spazieren auf den Spuren großer Stars durch die Einkaufsgalerie Les Arcades in 76–78 Avenue des Champs-Élysées. Dort hatten die Brüder Sarde eine Wohnung: Filmkomponist Philippe und Produzent Alain Sarde. Hier haben sie sich alle getroffen: Romy Schneider, die unweit von hier in der Avenue Foch gewohnt hat, Jean Rochefort, Michel Piccoli, Marcello Mastroianni, Catherine Deneuve, der Regisseur Claude Sautet, der sein Büro um die Ecke in der Rue de Ponthieu hatte, Claude Berri mit seiner Produktionsfirma Renn Production in der Rue Lincoln …

Und noch ein großer Star lebte gleich hier, allerdings zuletzt sehr zurückgezogen: Marlene Dietrich wohnt bis zu ihrem Tod in der 12 Avenue Montaigne. 1978 noch hat die 77-Jährige ihren letzten Film *Schöner Gigolo, armer Gigolo* gedreht. Danach klinkt sie sich vollständig aus dem öffentlichen Leben aus. In den letzten elf Jahren ihres Lebens verlässt sie ihr Bett nicht mehr und hält nur noch per Telefon mit der Außenwelt Kontakt. Es heißt, sie habe manchmal den halben Tag lang telefoniert, mit Freunden und Familienmitgliedern, vor allem mit ihrer Tochter, bis zu dreißig Mal am Tag. Am 6. Mai 1992 stirbt der große Filmstar in seiner Pariser Wohnung. Thierry und ich schweigen eine Weile, haben das Bild der Grande Dame vor Augen, wie sie im Bett liegt und telefoniert, die Vorhänge zugezogen. Sie mag zuletzt einsam gewesen sein – und doch ist es ihr gelungen, ihren Namen in einen Mythos zu verwandeln.

„So", Thierry gibt sich einen Ruck, „aber wenn wir hier sind, müssen wir auch über andere Filmgrößen sprechen. Godard! Die Nouvelle Vague!" Ich sehe sofort Jean Seberg vor mir, wie sie in Godards Kultfilm *Außer Atem* (1960) mit dem lauten und selbstbewussten Ruf „New York Herald Tribune! New York Herald Tribune!" ihre Zeitung verkauft. Als wir die Avenue entlangspazieren, gehen mir die Bilder des Films durch den Kopf: Die Champs-Élysées in Schwarz und Weiß, Citroëns und Käfer parken am Straßenrand. Jean Seberg im weißen T-Shirt mit der Aufschrift „New York Herald Tribune". Jean-Paul Belmondo, in Anzug und Hut, schlendert neben ihr her. Im Film heißen die beiden Patricia Franchini und Michel Poiccard. Patricia ist eine amerikanische Studentin, die für die Zeitung schreibt und sie auch verkauft. Michel ist ein kleiner Gangster, der auf der Flucht von Südfrankreich nach Paris in eine Verkehrskontrolle geraten ist und dabei einen Polizisten erschossen hat. Die beiden verlieben sich ineinander, und Michel lässt sich, obwohl er von der Polizei verfolgt wird, von Patricias Leichtigkeit anstecken. Beschwingt gehen die beiden die Avenue hinunter, Belmondo mit einer Zigarette im Mundwinkel, Jean Seberg mit Zeitungen unterm Arm. Ein Bild für die Ewigkeit.

„Gehst du die Champs hinauf oder hinunter?", fragt Belmondo. „Was ist das, die Champs?", fragt Jean Seberg mit ihrem reizenden amerikanischen Akzent. „Die Champs-Élysées", sagt Belmondo. Autos flitzen im Hintergrund vorbei, alles ist in Bewegung. Die Begeisterung Godards darüber, der Schwere der Studio-Installationen entkommen zu sein und mit neuen, leichten Kameras zu drehen, ist in jeder Szene spürbar. Die Bilder scheinen immer wieder, von Martial Solals Jazz-Improvisationen getragen, ins Schweben zu kommen.

„Für Godard ist Paris ein Ort des Transits", schreiben die Filmemacher Jean Douchet und Gilles Nadeau. „In *Außer Atem* braucht er die Champs-Élysées, weil sie ein ideales Terrain für all das unaufhörliche Kommen und Gehen ist. Bei Godard kommt man nie zur Ruhe. Jeder Ort, jede Bildeinstellung ist provisorisch. Die erregende Prekarität des Moments ist stets wichtiger als das Dauerhafte, als das Kontinuum." Godard dreht *Außer Atem* in

Rekordzeit, mit einem winzigen Budget: weniger als umgerechnet 70 000 Euro. Niemand will zunächst in diesen ersten Langfilm Godards investieren. Um die Geldgeber zu überzeugen, behaupten François Truffaut und Claude Chabrol, die sich bereits einen Namen gemacht haben, an dem Film als Drehbuchautor und technischer Berater beteiligt zu sein. Sie sind zwar nicht wirklich dabei, aber ihre Namen stehen tatsächlich im Abspann.

Wider Erwarten ist *Außer Atem* sofort ein Riesenerfolg, davon zeugen über zwei Millionen Kinobesucher und jede Menge Auszeichnungen, darunter der Silberne Bär für die Beste Regie 1960 und der Golden Globe für Jean-Luc Godard 1961. Kritik und Publikum begeistern sich für die moderne, experimentelle Montage, für die raffinierte Absicht inszenatorischer Regelverstöße, für Godards Kunstgriff, den Kubismus von der Malerei auf den Film zu übertragen. Ich schwärme von dem Film, während wir die *Champs* entlanglaufen. Thierry lacht: „In Wirklichkeit wimmelt der Film von Schnittfehlern. Godard hatte keine Erfahrung mit Dreharbeiten oder Schnitt." Autos, die von einer Einstellung zur andern einen Satz machen, Belmondo, der den Place de la Concorde zweimal überquert, Jean Seberg, die eine Zigarette, dann eine Zeitung und eine Sekunde später wieder eine Zigarette in der Hand hält ... In den Szenen, die hier auf den Champs-Élysées spielen, drehen sich Passanten um und blicken in die Kamera. Und immer wieder scheinen Bilder zu fehlen. Manche behaupten, Godard habe ganz einfach Teile von Szenen wild herausgeschnitten, weil der Film zu lang wurde. Ob der Schnitt aber nun absichtlich experimentell ist oder stümperhaft: Der Film hat seinen eigenen unverwechselbaren Stil. „Godard beherrscht die Kunst", so Jean Douchet und Gilles Nadeau, „das Gefühl von Unsicherheit und Rastlosigkeit entstehen zu lassen: Dieses Gefühl von Leuten, die das Risiko auf sich nehmen, ihr Leben zu leben."

Innehalten bedeutet sterben. Jedenfalls für Belmondo alias Michel Poiccard. Der verlangsamt sein Tempo allenfalls, wenn er vor einem Kino steht. Vor dem Normandie – heute UGC Normandie, 116bis Avenue des Champs-Élysées – betrachtet Belmondo alias Michel ein Plakat von *Schmutziger Lorbeer* mit Humphrey Bogart in Großaufnahme und ahmt eine Geste des Stars nach: Langsam streicht er sich mit dem Daumennagel über die Unterlippe ...

Als erster Regisseur der Nouvelle Vague setzt Louis Malle das Viertel um die Prachtavenue Champs-Élysées in Szene. 1958 bringt er seinen ersten Spielfilm *Fahrstuhl zum Schafott* auf die Leinwand. Dieser von Miles Davis' Jazzimprovisationen getragene *film noir* steht in diametralem Gegensatz zum drei Jahre später erschienenen surrealistischem *Zazie*. Malle ist dafür bekannt, dass er mit jedem Film das Gegenteil des vorigen Werks realisieren will. In *Fahrstuhl zum Schafott* irrt Jeanne Moreau als Florence Carala auf der Suche nach ihrem Liebhaber Julien Tavernier (Maurice Ronet) durch das nächtliche Paris, begleitet von Miles Davis' Trompete und von Blitz und Donner eines ausbrechenden Gewitters. Sie fragt in Luigis Bar nach ihrem Lover – die Bar in der 6 Rue du Colisée gibt es leider nicht mehr. Im Film mixt der Barmann dort raffinierte Cocktails, während er Auskunft gibt. Niemand hat Julien gesehen: Er steckt nämlich im Aufzug fest, nachdem er, wie besprochen, seinen Boss Simon Carala – und Ehemann von Florence – ermordet hat. Den Aufzug hat er nur genommen, um noch schnell ein kompromittierendes Indiz zu entfernen. Doch in genau diesem Moment stellt der Hausmeister den Strom ab – Julien muss die ganze Nacht im Aufzug ausharren. Währenddessen steht Jeanne Moreau auf dem vom Regen glänzenden Trottoir, ihr Blick schweift in weite Ferne. Wie in Trance überquert sie die Champs-Élysées, im Hintergrund die beleuchteten Schaufenster des Autohauses Renault, 53 Avenue des Champs-Élysées. Louis Malle hat seinen Film auf sensiblem Filmmaterial, ganz ohne zusätzliche Beleuchtung gedreht.

Die Neonlichter der Schaufenster spiegeln sich auf der nassen Straße, dazu der ätherische Sound der Jazztrompete: Der Effekt ist betörend.

Eine ganz andere Atmosphäre herrscht unterhalb des Rond-Point des Champs-Élysées. Hier ist die Avenue von Parkanlagen gesäumt: Kinder jauchzen in Karussells und vor Kasperltheatern. Dreimal pro Woche, donnerstags, samstags und sonntags, findet an der Ecke der Avenue de Marigny und der Avenue Gabriel ein Briefmarkenmarkt statt. Genau dort filmt der US-amerikanische Regisseur Stanley Donen eine entscheidende Szene seiner Kriminal-Liebeskomödie *Charade* (1963) mit Audrey Hepburn und Cary Grant. Wie ein roter Faden zieht sich die Suche nach einem großen Vermögen durch den Film: nach der Viertelmillion Dollar, die Charles seiner Frau Regina (Audrey Hepburn) angeblich hinterlassen hat. Das Geld bleibt unauffindbar. Charles wurde unter ominösen Umständen getötet, und das Einzige, was von ihm bleibt, ist eine Tasche mit ein paar wertlosen Habseligkeiten, darunter ein Brief an seine Frau, mit bunten Briefmarken frankiert, die Regina dem kleinen Sohn ihrer Freundin schenkt ... Erst dann fällt bei ihr der Groschen: Die Viertelmillion steckt in den seltenen wertvollen Briefmarken! Doch der Junge hat sie bereits auf dem Briefmarkenmarkt eingetauscht. Drei Jahre nach Godards Kultfilm *Außer Atem* durchquert also nun auch Audrey Hepburn genauso atemlos das Prachtviertel – auf der Suche nach den Briefmarken, in Richtung Happy End.

Eine Szene aus Claude Chabrols Film *Der Frauenmörder von Paris* mit Danielle Darrieux und Charles Denner in den Hauptrollen, 1962

Die Schönen und die Reichen
Das 16. Arrondissement: der schicke Pariser Westen

Südlich des Arc de Triomphe und der Avenue de la Grande Armée liegt zwischen der Seine und dem Stadtwald Bois de Boulogne der reiche Pariser Westen: das berühmte sechzehnte Arrondissement, *le Seizième*. Hier kommen in Pierre Morels Thriller *96 Hours* die beiden ahnungslosen kalifornischen Mädchen an, in einer prächtigen Avenue, mit Blick auf den Eiffelturm am Horizont. Der scheinbar sympathische Junge, mit dem sie vom Flughafen aus im Taxi hergefahren sind, ist in Wirklichkeit der Handlanger einer brutalen Albanergang. 9 Rue de la Pompe, nuschelt der Junge im Gespräch mit den bösen Komplizen ins Telefon.

In Wirklichkeit ist die Szene in 9 Avenue d'Eylau gedreht worden. Jedenfalls sind beide Adressen sehr schick. Und die Wohnung der Pariser Cousins, in der die beiden jungen Amerikanerinnen landen, ist wirklich atemberaubend: Sie erstreckt sich über das ganze Stockwerk, rund um den Innenhof. Genießen können die Mädchen das Ganze aber nicht mehr: Kaum haben sie ihre Koffer abgesetzt, dringen dunkle Gestalten in die Wohnung und kidnappen die beiden. Doch wer sich die Szene einmal unter einem anderen Gesichtspunkt ansehen möchte, der erkennt einen ganz besonderen Pariser Schick im wunderbaren Parkettboden, in den Stuckdekorationen an den weißen Wänden, in den riesigen Räumen mit Kunstwerken und Designermöbeln.

Auch Jason Bourne in *Die Bourne Identität* (2002), dem Thriller von Doug Liman, hat eine wunderschöne, große Wohnung: 104 Rue du Jardin. Die Adresse, die der an Amnesie leidende junge Mann in seinem Führerschein gefunden hat, gibt es in Paris nicht wirklich. Aber diese Art von Wohnungen sind hier im sechzehnten Arrondissement üblich. Prunkvoll dekorierte Gebäude im Haussmann-Stil (Stadtplaner Georges-Eugène Haussmann hat Paris im 19. Jahrhundert einen unverwechselbaren Stempel aufgedrückt) säumen sowohl die großen Avenuen, die Avenue Foch, die Avenue Victor Hugo, die Avenue Kléber, als auch die kleineren Straßen um die Rue d'Auteuil und die Rue de Passy.

Die Straßen an der Metrostation Passy – Rue de l'Alboni gewähren einen Blick auf die Seine, den Eiffelturm und auf das runde Funkhaus Maison de la Radio et de la Musique, 116 Avenue du Président Kennedy. Hier wohnt der Kaufhausmanager Monsieur Lepetit im 1992 erschienenen ersten Langfilm von Cédric Klapisch, *Kleine Fische, große Fische*. Von seinem eleganten Appartment aus blickt er direkt auf den Eiffelturm auf der anderen Seite der Seine. Was für einen herrlichen Lepetit Schauspieler Fabrice Luchini abgibt! *Le Petit*: dass heißt übersetzt „der Kleine". Und trotz der großen schönen Wohnung im Passy-Viertel, trotz der scheinbar großen Macht als Manager ist auch *Le Petit* nur ein kleiner Fisch. Gerade als er den Kaufpalast mit seinen unkonventionellen Managementmethoden vor dem Bankrott gerettet hat, kauft ein Investor die „Grandes Galéries" und kündigt an, dass er andere Pläne habe und das gesamte Personal entlassen wird.

In der 2008 erschienenen Alltagskomödie *LOL* von Lisa Azuelos sehen wir die Gymnasiastin Lola, gespielt von Christa Théret, genau hier an der Metrostation Passy stehen: Sie lässt ihren Blick über die Seine schweifen. Auch die superschicke Wohnung über zwei Etagen, die Lola mit ihren kleinen Geschwistern und ihrer Mutter bewohnt, ist hier im 16. Arrondissement, ebenso Lolas

Gymnasium: Die Schulszenen wurden im Lycée Jean-Baptiste-Say, 11 Rue d'Auteuil gedreht.

Filmstar Sophie Marceau spielt Lolas Mutter Anne, 28 Jahre nachdem sie in der legendären Teenager-Komödie *La Boum – Die Fete* als Gymnasiastin Vic über Nacht weltberühmt wurde. Sie ist damals sechzehn Jahre alt, genauso wie Christa Théret beim Dreh von *LOL*. Auch die Thematik der beiden Filme ähnelt sich: Eheprobleme der Eltern, Liebesgeschichten der Tochter, und in beiden Filmen eine wundervolle Großmutter, die bei keiner Katastrophe ins Wanken gerät. Es scheint fast so, als sei *LOL* ein Remake des Achtzigerjahre-Films. Sogar ein Ohrwurm aus *La Boum* taucht auf: Zu *Dreams Are My Reality* von Richard Sanderson erlebt Vic ihre erste Liebe. Wie als Reminiszenz erklingt im Film *LOL* das Lied im Supermarkt, als Lolas Freundin Charlotte (Marion Chabassol) einkaufen geht und dabei auf ihren Mathelehrer (Axel Kiener) trifft, in den sie schwer verliebt ist.

In *La Boum* driften Vics Eltern vor allem aufgrund von Missverständnissen auseinander und kommen am Schluss wieder zusammen. In *LOL* ist die Mutter schon von Lolas Vater Alain (Alexandre Astier) getrennt, beginnt aber heimlich eine neue Affäre mit ihm. Tochter Lola streitet sich mit ihrem Freund Arthur (Félix Moati), Anne lernt einen neuen Mann kennen, und auch Lola verliebt sich in einen anderen Jungen. Ein bisschen Freundschaft, ein bisschen Sex, Drogen und Alkohol, keine wirklich großen Probleme, alles lustig und sympathisch, und mit einem netten Happy End: Alle, die zueinander finden sollen, kommen auch glücklich zusammen. So können die Bewohner des *Seizième* sicher durchaus sein.

Es sei denn, ein Regisseur wie Claude Chabrol nimmt sie in die Zange. Er zeigt eine Bourgeoisie, die alles andere ist als sympathisch: nämlich scheinheilig und hinter geschlossenen Türen durchaus grausam. Am liebsten filmt er die Exemplare jener verlogenen Gattung in der Provinz. Aber wenn er in Paris dreht, dann gerne hier, wo die Reichen wohnen. *La Muette* heißt sein Beitrag zur 1965 erschienenen Nouvelle-Vague-Filmesammlung *Paris gesehen von ...* Eigentlich ist La Muette eine Metrostation, auch das darum liegende Stadtviertel heißt so, eine anliegende Straße ist die Chaussée de la Muette. Aber davon ist in dem Film nicht viel zu sehen: typisch Chabrol! Die Kamera verfolgt eine steinreiche Kleinfamilie auf Schritt und Tritt in ihrem mehrstöckigen Stadtpalast. Vieles passiert bei Tisch, das Ehepaar isst schweigend oder streitet laut, der kleine Sohn sitzt dabei und hält es nicht mehr aus. Es gibt auch ein Dienstmädchen. Der Mann im Haus, gespielt von Claude Chabrol selbst, steigt ihr hinterher, sie kichert, als er sie verführt. Der kleine Sohn sieht alles, hört alles – und hält sich schließlich die Ohren zu. Er entschwindet in seine eigene Welt, in der er nichts mehr mitbekommt. Auch nicht, dass seine Mutter die luxuriöse Treppe des Hauses hinunterstürzt und sich schwer verletzt.

Die Armseligkeit der zwischenmenschlichen Beziehungen – das war Chabrols Thema vom ersten, 1958 erschienenen Film an: In *Die Enttäuschten*, einem der ersten Werke der Nouvelle Vague, kommt Paris nur indirekt vor, verkörpert von dem in Paris studierenden François, der die Bewohner eines Dörfchens im tiefsten Frankreich von ihrem Luderleben befreien will: Denn sie vergewaltigen, betreiben Inzest, hängen herum und betrinken sich, um die Schande zu vergessen. François hat feinere Sitten und höhere Ziele. Aber er scheitert in seinen Bemühungen. Und Chabrol zeigt in unzähligen weiteren Filmen, dass sich hinter feinen Sitten nicht immer Edles verbirgt. Das mag nicht für François gelten – einer von Chabrols ersten Filmprotagonisten. Doch edel ist danach kaum mehr jemand in Chabrols Filmen.

Für *Die untreue Frau* kehrt der Regisseur 1969, vier Jahre nach *La Muette,* wieder in die vornehmen Viertel von Paris zurück. Der Film spielt zwischen eleganten Pariser Vororten wie Versailles und Neuilly-sur-Seine und dem Pariser Westen mit seinen vornehmen Bürgerhäusern im Haussmann-Stil. Traumhäuser und Traumwohnungen überall, aber die Realität innerhalb der vier Wände ist wieder mal alles andere als traumhaft. Hélène und Charles Desvallées, gespielt von Stéphane Audran und Michel Bouquet, wohnen mit ihrem zehnjährigen Sohn – ein Vorzeigekind – in Versailles. Ihr adrettes Bilderbuch-Landhaus mit den großen Terrassentüren steht auf einem riesigen Grundstück voller hoher Bäume, idyllisches Vogelgezwitscher erfüllt die Luft, doch Hélène langweilt sich. Sie begleitet ihren Mann, den Versicherungsmakler Charles, gern nach Paris. Während Charles hinter seinem eleganten Schreibtisch sitzt – das Büro ist in einer geräumigen Wohnung eines Haussmann'schen Hauses – vergnügt sich Hélène mit ihrem Liebhaber Victor Pegala (Maurice Ronet), 27 Rue du Bois de Boulogne in Neuilly-sur-Seine. Hinter Charles ergebenem Lächeln verbirgt sich eine immense Qual. Er ahnt, was los ist und beauftragt einen Detektiv, seine Frau zu beschatten. Das schmerzliche Ergebnis der Ermittlungen erfährt Charles auf einer kleinen Halbinsel in der Seine: die Île aux Cygnes liegt direkt vor dem Maison de la Radio et de la Musique. Und nun wird es so richtig tragisch: Charles sucht Hélènes Liebhaber Victor auf und gibt vor, mit Hélène eine freie Ehe zu führen. So wird Victor immer gesprächiger, zeigt Charles am Ende sogar das ungemachte Bett. Man sieht es Charles an, wie er seine Frau unter den zerwühlten Laken zu erspähen meint. Die beiden Männer trinken Whisky und scheinen zivilisiert zu plaudern, bis Charles eine Statuette nimmt und seinem Widersacher den Schädel einschlägt.

Doch Chabrol geht es nicht um die Krimihandlung, sondern um die kaputte Psyche seiner Antihelden. Charles hat nach vollbrachtem Mord und nachdem er die Leiche in einem Teich versenkt hat, nur eines im Kopf: weiterhin heile Ehe zu spielen. Dasselbe gilt für Hélène, die sich nach und nach zusammenreimt, was mit ihrem verschwundenen Liebhaber passiert ist. Aber auch sie sagt nichts. Als Charles schließlich von der Polizei abgeführt wird, steht sie mit ihrem Sohn im idyllischen Vorgarten und bleibt völlig ruhig – als ginge Charles nur auf Geschäftsreise. Hauptsache ist, den Schein zu wahren.

Gemordet wird immer wieder bei Chabrol, wie in seinem 1962 erschienenen Film *Der Frauenmörder von Paris*. Hier tritt er in die Fußstapfen von Charlie Chaplin: Dessen 1947 erschiener *Monsieur Verdoux – Der Frauenmörder von Paris* erzählt die gleiche Geschichte, die des Serienmörders Henri Désiré Landru, den es wirklich gegeben hat. Er ist ein Heiratsschwindler, der unter falschen Namen reiche Witwen geheiratet, diese dann umgebracht und sich ihr Vermögen angeeignet hat. 1922 kommt der wirkliche Landru unter die Guillotine. Den Helden von Chabrol und Chaplin ergeht es nicht besser. Beide Regisseure zeichnen ihren Mörder jedoch mit Sympathie. Bei Chaplin heißt der Verbrecher Henri Verdoux und der Film spielt während der Weltwirtschaftskrise. Charlie Chaplin spielt selbst seinen Monsieur Verdoux, einen Gentleman, der einmal ein braver Bankangestellter gewesen ist, jedoch gefeuert wurde und nun kaum noch seine Familie ernähren kann. Seine Frau sitzt im Rollstuhl, der Sohn ist noch klein, die Probleme sind umso größer. Er tritt unter falschen Identitäten auf und zieht reiche Witwen an Land. Zu diesem Zweck treibt er hier im 16. Arrondissement sein Unwesen ... Kompliziert wird es für ihn, als eine seiner Pseudo-Ehefrauen, die er als „Capitaine Bonheur" geheiratet hat, zu seiner Hochzeit mit einer anderen Dame erscheint – und in dieser Szene blüht Chaplin mit all seiner bekannten Komik auf: Er versteckt sich hinter Blumenkübeln, kriecht auf der Suche nach einem angeblichen Sandwich unters Büffet ... Der Zwischenfall jagt Verdoux Angst ein, er stellt bald darauf seine Karriere als Frauenmörder ein.

In der Filmhandlung bricht am Ende der Zweite Weltkrieg aus. Chaplin alias Verdoux ist gealtert, weißhaarig und resigniert. Sein Vermögen hat der Börsencrash hinweggefegt und weit schlimmer: Er hat alle, die er liebte, verloren, seine (echte) Frau und sein Kind sind gestorben. Wir begleiten ihn in seinem inzwischen ereignislosen Alltag, er spaziert weiterhin durch dieses elegante Pariser Viertel. Dann begegnet er zufällig einem ehemaligen Straßenmädchen, das ihn einst rührte: Sie ist zur reichen Frau eines Rüstungsmagnaten geworden. Sie, die so unschuldig war, bereichert sich seelenruhig am Krieg: Das nimmt ihm die letzten Illusionen – und den Lebenswillen. Monsieur Verdoux lässt sich von der Polizei fassen. Bevor er unter die Guillotine kommt, teilt er seine moralische Erkenntnis: Die schlimmsten Mörder sind die Kriegshetzer und Waffenfabrikanten, die Millionen Menschen auf dem Gewissen haben.

In Wirklichkeit hat Charlie Chaplin *Monsieur Verdoux – Der Frauenmörder von Paris* in den USA gedreht. Doch die Adresse, 151 Avenue Victor Hugo, an die er riesige Blumensträuße schicken lässt, um eine misstrauische Witwe für sich zu gewinnen, ist mitten in diesem eleganten Teil von Paris. Der reiche Pariser Westen scheint, jedenfalls im Film, von Mördern zu wimmeln. Und von solchen, die es werden wollen, aus den unterschiedlichsten Motiven: Gier und Selbstsucht treiben den Butler Edgar im Disneyfilm *Aristocats* (1970) um. Die reiche Madame Adelaide Bonfamille bewohnt eine elegante Villa im Paris des Jahres 1910. Auch dieses charmante Anwesen steht irgendwo hier im Pariser Westen. Die Millionärin liebt ihre Katzen, die Duchesse, Marie, Toulouse und Berlioz heißen, über alles. Sie sollen sogar ihr Vermögen erben! Das bekommt Butler Edgar zufällig mit und versucht daraufhin, die Katzen loszuwerden. Er betäubt sie, lädt sie in eine Kutsche und fährt mit ihnen durch zahlreiche Straßen, überquert die Seine und das 15. Arrondissement, das dem 16. in vielen Punkten ähnelt: Es ist ein reiches Wohnviertel ohne Monumente, mit Kulturorten eher dünn besiedelt. Der Butler Edgar fährt immer weiter bis aufs

Land, wo die Katzen schließlich aufwachen und ausreißen. Am Ende werden sie gerettet und der Butler gerät in seine eigene Falle.

Wir lassen Edgars Kutsche im Geiste davonfahren und werfen einen Blick auf das einzige Programmkino, das hier ganz versteckt mitten im 15. Arrondissement liegt: das Cinéma Chaplin Saint Lambert, 6 Rue Peclet. Eine Art-Deco-Fassade ziert das Haus, ein flink voranschreitender Charlie Chaplin ist auf die Seitentür gemalt. Hier bin ich mit dem Filmvorführer Nasser De Ruhere verabredet. Zwischen zwei Vorführungen zeigt er mir das kleine Kino: Um genügend Besucher anzulocken, haben die Kinobetreiber vor ein paar Jahren den großen Saal in drei kleine gemütliche Säle unterteilt. Nasser erzählt von dem Erfindungsreichtum, den die kleinen Programmkinos immer wieder an den Tag legen müssen, um zu überleben: Sie organisieren Filmclubs und Debatten mit Regisseuren. „Wenn ein Film in den großen Kinos gut läuft, dann müssen wir manchmal ewig warten, bis wir ihn bekommen", seufzt er. Doch genau diesen Pariser Kinos ist es zu verdanken, dass es weiterhin eine breite Palette an Filmen gibt. „Die Multiplex-Kinos zeigen alle dieselben Filme. Sie wollen kein Risiko eingehen." Dabei ist es gerade der Mut zum Risiko, der die Filmkunst weiterbringt!

Trotz Multiplex und Netflix: Nasser ist zuversichtlich. Wenn Regisseure wie zum Beispiel Costa-Gavras kommen, um ihren Film vorzustellen, dann ist der Kinosaal ausverkauft bis auf den letzten Platz. „Die Kinobesucher wollen sich austauschen. Und darum macht mir Netflix auch keine Angst. Während des Lockdowns haben alle zu Hause auf dem Sofa gesessen und Filme auf Netflix angeschaut. Aber danach sind sie erneut hierher gekommen: ins Kino! Und selbst wenn alle Filme der Welt auf Netflix zu sehen wären, hätten die Leute dennoch weiterhin Lust, ins Kino zu gehen: weil dieses gemeinschaftliches Erlebnis einfach unerreicht ist!"

Roger Moore als James Bond in *Im Angesicht des Todes* während einer Verfolgungsjagd auf dem Eiffelturm, 1985

Eiserne Dame mit Herz: Technikwahn und große Liebe
Der Eiffelturm

Ein Wunder der Technik, dieser Eiffelturm. Er ist immens. Schon von Weitem, aber noch mehr, wenn man genau darunter steht. Schon früh versuchen erste Filme, das Gigantische, das Futuristische des Bauwerks einzufangen. Schlicht und einfach *La Tour* („Der Turm") heißt der Film von René Clair aus dem Jahr 1928. Die Kamera folgt dem aufstrebenden Stahl, dringt in das Gerüst hinein und hinauf, immer weiter nach oben: ein unendlich wirkendes Eisenlabyrinth.

Noch ein paar Jahre davor, 1924, zeigt der anonyme Kurzfilm *La Toilette de la Tour Eiffel* (übersetzt etwa: „Der Turm wird frischgemacht"), wie Arbeiter die „eiserne Dame" neu streichen. Sie wirken winzig klein und zerbrechlich, wie sie in schwindelerregender Höhe zwischen den Stahlstreben hängen oder auf schmalen Balken balancieren.

Der Eiffelturm ist Symbol für Hybris: sich selbst übertreffen, bis in den Himmel bauen. Technik und Science-Fiction – und das schon sehr früh! Wieder ist es René Clair, der mit seiner Kamera den Eiffelturm einfängt: In *Paris qui dort* („Paris schläft", 1925) schläfert ein verrückter Wissenschaftler die ganze Stadt ein. Nur ein paar Menschen, die sich in einer bestimmten Höhe aufhalten, entgehen dem Experiment: darunter der Eiffelturm-Wächter Albert und ein paar Flugzeugpassagiere. Alle richten es sich auf dem Eiffelturm ein, spazieren trittsicher auf den Eisenstreben und werben um die einzige Frau in der Gruppe. Am Ende des Films gelingt es dem Wissenschaftler, Paris wieder aus dem Dornröschenschlaf zu wecken. Seine Nichte und Albert gehen zurück auf den Eiffelturm. Ein Moment der Ruhe in der wieder hektisch-betriebsamen Stadt, sie genießen den Ausblick und Albert küsst die Hand seiner Begleiterin.

Auf den Turm des Größenwahns passen natürlich Übermenschen. Für Furore sorgt 1985 Roger Moore als James Bond, wie er in *Im Angesicht des Todes* (von John Glen) Grace Jones alias May Day hinterherjagt und dabei zwischen den Stahlsträngen herumklettert. Sie springt nach unten, scheinbar ins Leere – und entfaltet in letzter Minute ihren Fallschirm.

Louis Malle macht hingegen aus der grandiosen Aura des Turms eine komplette Lachnummer. In *Zazie* (1960) steht Philippe Noiret als Onkel Gabriel auf dem Dach des Aufzugs, der ihn in schwindelerregende Höhen befördert, und deklamiert dabei absurd pathetische Monologe. Louis Malle geht es aber auch um den Turm mit seiner außergewöhnlichen Architektur als erzählerisches Element. Regieassistent Philippe Collin erzählt im Making-of, wie sie sich den Kopf zerbrochen haben, um die interessante Geometrie ins Bild zu bekommen. Die Drehs mit Noiret auf dem Aufzugdach waren waghalsig. „Wir haben immer so gedreht, dass die Personen scheinbar am Abgrund standen", erzählt Philippe Collin. Im gleichen Film rennen auch das Mädchen Zazie und der Taxifahrer Charles eine kleine Eisentreppe des Turms hinunter und plaudern dabei, immer schneller werdend, von existenziellen Problemen und sogar sexuellen Orientierungen.

Nicht weit vom Eiffelturm entfernt liegt die Brücke Pont de Bir-Hakeim. Auch sie nutzt Louis Malle als Kulisse, ebenso wie viele andere Pariser Stadtviertel, durch die zum Beispiel eine endlose Verfolgungsjagd stattfindet, nachdem Zazie eine Jeans geklaut hat. Immer wieder landet sie zwischendurch auf dieser

Brücke, ihr Verfolger ist ihr dicht auf den Fersen. Die schnell im Bild vorbeiflitzenden Eisenstreben der Brücke lassen die Szene wie aus einem Zeichentrickfilm erscheinen.

Diese Brücke hat es auch Christopher Nolan angetan. In seinem Science-Fiction-Blockbuster *Inception* (2010) zeigt er, wie sich die Brücke verdoppelt und den Weg in die Welt des Traums öffnet. Leonardo DiCaprio als Dom Cobb kann so in Ariadnes (Elliot Page) Träume eindringen. Zwanzig Minuten zu Fuß von hier liegt das Café Debussy, in Wirklichkeit das italienische Restaurant Il Russo, 6 Rue César Franck, wo die beiden Protagonisten in aller Ruhe plaudern, während um sie herum das Stadtviertel explodiert.

Parallelwelten von Paris gibt es auch in der 2021 herausgekommenen Produktion *Eiffel in Love* von Martin Bourboulon. Gustave Eiffel ist natürlich technikbesessen. Das muss er auch sein, um dieses völlig verrückte Monument erfinden und bauen zu können. Aber er ist auch verliebt. Und so schreckt er zwar als Ingenieur selbst vor riesigen Herausforderungen nicht zurück, bleibt aber zutiefst menschlich. Romain Duris spielt diesen vom Leben gezeichneten Gustave Eiffel, der sich um seine Arbeiter sorgt oder einmal klatschnass aus dem Fluss steigt, einen fast Ertrunkenen hinter sich herziehend, den er gerade gerettet hat. Hier wohnen zwei Seelen in der Brust des Ingenieurs, ein bisschen wie bei Faust. Das ist so schön erzählt, dass man gar nicht wissen möchte, ob die Geschichte wahr ist oder nicht.

Abgesehen von der Liebe – die Begehrte heißt übrigens Adrienne (Emma Mackey) und ist verheiratet mit Eiffels bestem Freund – gibt es genug Szenen zum Mitfiebern. Die Bauszenen! Was für ein absolut wahnsinniges Unternehmen es gewesen sein muss, diese siebentausend Tonnen Eisen aus der Erde wachsen zu lassen. Und wie gefährlich! Im Film wird auch erzählt, wie feindselig die Anwohner waren, wie düster die Presse berichtete:

„Dieses hässliche Werk, diese Warze auf dem Stadtbild von Paris wird die Touristen in die Flucht treiben." Oder auch: „Le lampadaire de la honte, der Lampenpfahl der Schande".

Gustave Eiffel kämpft. Gegen alle. Gegen Bankiers und Institutionen, die ihre Finanzierung absagen. Er kämpft, um die mit Streik drohenden Arbeiter zum Weitermachen zu überreden. Er kämpft um die Liebe. Und er setzt, so behauptet der Regisseur, ein Zeichen: Der Eiffelturm sieht aus wie ein gigantisches, dreihundert Meter hohes A – der Anfangsbuchstabe des Namens Adrienne.

Ich stehe auf dem Place du Trocadéro et du 11 Novembre – von dort hat man den allerbesten Blick auf den Eiffelturm – und warte darauf, dass er zu glitzern beginnt, wie zu jeder vollen Stunde ab Einbruch der Dunkelheit. Es ist soweit! Und tatsächlich: Das ist ein A.

Und die Verbindung zur Liebe scheint gar nicht mehr so weit hergeholt. Ganz klar erscheint der Eiffelturm in vielen Liebesfilmen. Zum Beispiel Stanley Donens Filmmusical *Ein süßer Fratz* (1957), in dem Audrey Hepburn als Jo Stockton für ein Modeshooting aus New York eingeflogen wird. Sowohl ihr zukünftiger Liebster Fred Astaire alias Modefotograf Dick Avery als auch die Herausgeberin des Modemagazins und schließlich Jo selbst behaupten nach dem Flug, todmüde zu sein und nur noch ins Bett fallen zu wollen. Doch dann begegnen sie sich kurze Zeit später alle drei auf der Aussichtsplattform des Eiffelturms.

In Ernst Lubitschs Komödie *Ninotschka* (1939) erklärt die strenge sowjetische Genossin Ninotschka Yakushova (Greta Garbo) beim Besuch der „eisernen Dame" zwar zuerst, sie interessiere sich nur für die technischen Aspekte des Eiffelturms, doch dann taut sie auf und folgt am Ende sogar dem charmanten Draufgänger Graf Leon D'Algout (Melvyn Douglas) in dessen „klassenfeindlichen Stadtpalast".

Auch Antihelden bedienen sich des Eiffelturms, wie in *Eine Welt ohne Mitleid*. Der Film von Éric Rochant kommt 1989 auf die Leinwand, genau hundert Jahre nach der Einweihung des Eiffelturms. Hippo (Hippolyte Girardot) versucht die Studentin Nathalie (Mireille Perrier) zu beeindrucken, indem er so tut, als könne er mit einem Fingerschnippen den leuchtenden Eiffelturm ausknipsen. Dabei beherrscht er natürlich ganz einfach das Timing. Diese Szene ist so berühmt, dass Mathieu Kassovitz 1995 in *Hass* darauf anspielt. Doch die drei Banlieusards, die drei Typen aus der Vorstadt, haben das Timing weniger gut drauf: Saïd schnippst zu früh.

In *Das große Rennen rund um die Welt*, der Abenteuerkomödie von Blake Edwards (1965), wird der Eiffelturm am Ende sogar zerstört. „Der phallische Eiffelturm bricht zusammen", kommentiert Filmkritiker N. T. Binh. „Ein Symbol dafür, wie der Regisseur sich über die amerikanische Männlichkeit lustig macht." Auch Jacques Tati nimmt das Pariser Symbol auf die Schippe. Den eifrigen Touristen in seinem utopischen Megawerk *Tatis herrliche Zeiten* entzieht sich der Turm vollständig: Er ist nur kurz in der Spiegelung einer aufgehenden Glastür zu sehen.

In *So ist Paris* (2008) entsteht auf dem Turm eine Episode einer fiktiven Fernsehserie, in der Professor Roland Verneuil (Fabrice Luchini) den Franzosen Paris erklärt. Doch während er da oben auf der Aussichtsplattform steht, blickt er immer wieder sehnsüchtig zur Basilika Sacré-Coeur hinüber, die sich schneeweiß von der Stadtkulisse abhebt. Er ist unsterblich in seine Studentin Laetitia verliebt und weiß, dass die heute genau dort unterwegs ist. Statt sich auf seinen Dreh zu konzentrieren, schickt er ihr unzählige Nachrichten – die sie jedoch nicht liest, weil sie gerade auf der Treppe vor der Sacré-Coeur einen Mitstudenten küsst.

Apropos küssen: Natürlich küssen sich im Film unzählige Paare vor dem Eiffelturm. Er ist ein so starkes Symbol für Paris, dass Filmemachern in aller Welt eine Sekunde mit dem stählernen Bau im Hintergrund genügt, um ihre Geschichte in Paris zu verorten und einen bestimmten Ton zu setzen.

Einige französische Regisseure sind geradezu vernarrt in den Eiffelturm: François Truffaut situiert seinen ersten 1959 erschienenen Langfilm *Sie küßten und sie schlugen ihn* in Pigalle, im Viertel seiner Kindheit. Doch in den ersten Bildern seines Films spielt er Verstecken mit dem Eiffelturm: Dieser verschwindet hinter Gebäuden, taucht wieder auf ... Der Regisseur kann sich an der eisernen Dame nicht sattsehen. In fast all seinen Filmen kommt sie vor. Einmal sogar als Waffe: In *Auf Liebe und Tod* (1983) erschlägt Fanny Ardant einen vermeintlichen Mörder – mit einem Miniatureiffelturm.

Und noch ein Regisseur der Nouvelle Vague ist vom Eiffelturm fasziniert: Seinen legendären Dokumentarfilm *Le Joli Mai* beginnt Chris Marker mit einem Bild von der Pont d'Iéna, der Straßenbrücke unterhalb des Wahrzeichens: Der Eiffelturm bildet sich als Schatten darauf ab, wie ein ausgestreckter, mahnender Zeigefinger. „Gebet auf dem Eiffelturm": Der Text des französischen Schriftstellers Jean Giraudoux begleitet diese ersten Bilder, nachdenklich vorgetragen von Chris Marker. „Da habe ich die fünftausend Hektar vor Augen, innerhalb derer am meisten gedacht, gesprochen und geschrieben wird, diesen Kreuzweg unseres Planeten, der immer der eleganteste und freieste war, Weltkreuzweg Paris ..."

Unterdessen liegt die Stadt dem Betrachter zu Füßen und die Kamera schwenkt über die Kuppeln und Dächer, die Kirchen, Paläste und Parks der „eleganten und freien" Stadt.

Ein Obststand auf der Rue Mouffetard

Prügelnde Intellektuelle und die Herzlichkeit des kleinen Mannes
Vom Jardin du Luxembourg bis zur Rue Mouffetard: der untere Teil des Quartier Latin

Der Jardin du Luxembourg ist eine Oase. Hier sitzen Schachspieler den ganzen Tag unter den im Frühjahr wunderbar blühenden Bäumen und brüten vor sich hin, hier kreisen Tai-Chi-Schattenboxer harmonisch mit ihren Armen. Aber Filme sind dazu da, Unruhe in das Wohlgeordnete zu bringen.

Das kann auch eine innere Unruhe sein: Der verliebte Professor Roland Verneuil (Fabrice Luchini) im Film *So ist Paris* wird von seiner Sehnsucht geplagt und blickt mit klopfendem Herzen der Studentin Laetitia (Mélanie Laurent) nach, die mit beschwingten Schritten die Alleen dieses Parks durchquert. Auch der Anblick der auf dem Rasen praktizierenden Tai-Chi-Anhänger kann Rolands aufgewühltes Herz nicht besänftigen.

Im Kinoerfolg *Ziemlich beste Freunde* ist es tiefer Winter, als sich die beiden Brüder Antoine (Grégoire Oestermann) und Philippe (François Cluzet) im Café Buvette des Marionnettes mitten im Park treffen. Antoine ist beunruhigt, er sorgt sich um seinen Bruder, weil er einen anscheinend durchgeknallten Jungen namens Driss aus der Vorstadt als Krankenpfleger eingestellt hat. Dieser vergnügt sich derweil draußen zwischen den Bäumen im Schnee …

Driss wird von keinem anderen als Omar Sy gespielt, der zehn Jahre später als Assane Diop in der Netflix-Serie *Lupin* die Polizei ziemlich alt aussehen lässt: Am Brunnen des Jardin du Luxembourg trifft er sich mit Juliette Pellegrini, der schönen Tochter von Assanes Widersacher Hubert. Assane taucht mit dem Fahrrad auf, in der typischen orangefarbenen Kluft eines Essenslieferanten. Er ahnt, dass man ihm eine Falle stellt. Und in der Tat wimmelt es um den Brunnen von Polizisten in Zivil. Assane entkommt und die Polizisten machen sich lächerlich, indem sie unzähligen echten Lieferanten hinterherspurten, während Assane die Uniform schon längst wieder ausgezogen hat.

Nicht weit davon liegt das Studio des Ursulines. In dem 1925 gegründeten Kino in der 10 Rue des Ursulines sind die hitzigen Momente schon eine Weile her, heute laufen hier vor allem harmlose Kinder- und Jugendfilme. Doch in den Zwanzigerjahren ist es Schauplatz leidenschaftlicher Streitereien zwischen Avantgarde-Cineasten und anderen Zuschauern. Dabei kommt es hin und wieder sogar zu Prügeleien, wie im Februar 1928, als der Film *Die Muschel und der Kleriker* auf die Leinwand projiziert wird. Der Film stammt, damals ungewöhnlich genug, von einer Frau: Germaine Dulac. Noch heute gibt es unter den Filmemachern weit weniger Frauen als Männer, doch vor einhundert Jahre sind sie vollkommen unterrepräsentiert. *Die Muschel und der Kleriker* gilt als der erste surrealistische Film überhaupt, noch bevor Luis Buñuel seinen Kurzfilm *Ein andalusischer Hund* dreht. Germaine Dulac adaptiert ein Drehbuch des Theaterregisseurs Antonin Artaud, experimentiert mit Zeitlupenbildern, Doppelbelichtungen, Überblendungen und Verzerrungen, um das Seelenleben eines Priesters auf die Leinwand zu bringen: Der kriecht und schwebt durch Gassen, gerät an einen General mit phallusartigem Schwert, begegnet einer lieblich-lichten Traumfrau ... Der Film saugt die Zuschauer in die Traum- und

Albtraumwelt dieses Klerikers: in seine sexuellen Frustrationen, seine Kastrationsängste, seine Wut und Wunschträume.

Bei der Uraufführung kommt es zum Streit zwischen Drehbuchautor und Regisseurin: Artaud wirft Germaine Dulac vor, sie habe sein Szenario feminisiert und auch entschärft, indem sie es in die Traumsphäre verlegt habe. Die Surrealisten im Saal, darunter André Breton und Louis Aragon, buhen den Film aus. Und dann kommt es sogar noch zu einer regelrechten Schlägerei, die Projektion des Films muss unterbrochen werden. Filmwissenschaftler Vincent Pinel vermutet, dass diese überhitzte Reaktion hauptsächlich einen Grund hatte: „*Die Muschel und der Kleriker* [...] ist von einer Regisseurin gedreht worden, die nicht zum Klan gehörte, und so geriet ihr Kurzfilm kurzerhand ins Fegefeuer."

Über ein Jahr später, im Juni 1929, läuft im Studio des Ursulines zum ersten Mal *Der andalusische Hund* von Luis Buñuel. Der Film basiert auf Träumen, die sich Buñuel und Salvador Dalí gegenseitig erzählt haben, einer surrealer als der nächste: Ein Mann schneidet einer Frau mit einem Rasiermesser durchs Auge, Ameisen, die aus einer Handfläche krabbeln, ein Strand, der direkt hinter der Tür einer Pariser Wohnung beginnt ... Für die Vorführung, erzählt Buñuel, habe er sich mit Steinen bewaffnet. Er wusste, dass der Film vom Publikum zumindest kontrovers aufgenommen werden wird. Doch er hat mit seinem gefilmten Traum mehr Glück als Germaine Dulac. Nach einer (wahrscheinlich heftigen) internen Debatte über den Film beschließen die Mitglieder der surrealistischen Gruppe, Buñuel und auch Dalí in ihre Reihen aufzunehmen.

Ich stehe vor dem Kino, aus dem gerade lachende und plappernde Kinder aus dem Nachmittagsfilm strömen. Heute drohen wohl keine Steinwürfe mehr.

Ich gehe die Rue d'Ulm weiter, vorbei an der ehemaligen Adresse der Cinémathèque française, 29 Rue d'Ulm, die heute Hörsäle der Elitehochschule École normale supérieure beherbergt. Am Ende der Straße taucht die Kuppel des Panthéons auf, und meine Gedanken schweifen wieder kurz zu *Midnight in Paris* von Woody Allen. Alle Wege scheinen sich darin zu kreuzen: Denn der Protagonist Gil läuft ausgerechnet Luis Buñuel und Salvador Dalí über den Weg und erzählt ihnen von einem Traum, der ihm ideal für ein surrealistisches Drehbuch erscheint. Buñuel aber findet den Traum zu unlogisch.

Weiter geht es an anderen Elite-Hochschulen vorbei, bis zur Rue Mouffetard, die lange Zeit das Gegenteil von Elite symbolisiert: Diese Straße gehört zum Paris der kleinen, einfachen Leute, in ihr herrscht *la sympathie*, wie es Monsieur Catusse, Bistro-Inhaber in der Rue Mouffetard im Dokumentarfilm *Le Joli Mai* (1963) ausdrückt. Dieser Film steht für das Anfang der Sechzigerjahre entstandene Cinéma Vérité, das „Wahrheitskino": Die Dokumentarfilme *Chronique d'un été* von Jean Rouch und Edgar Morin sowie der erwähnte *Le Joli Mai* von Chris Marker und Pierre Lhomme gehen intensiv der Frage nach, ob ein Film die Wirklichkeit einfangen kann und inwieweit die Kamera Reaktionen provoziert statt die Wahrheit aufzunehmen. Aber was ist Wahrheit? Letztlich ist diese natürlich auch immer die des Regisseurs, und der wirft seinen ganz persönlichen Blick auf die Dinge: „Ciné, ma vérité", sagt Regisseur Chris Marker. Sprich: „Kino, meine Wahrheit!"

Es geht darum, sich von journalistischen Reportagen zu distanzieren. Diese beanspruchen eine Objektivität für sich, die es nach Ansicht der Cinéma-Vérité-Regisseure nicht gibt: Auch eine Reportage ist immer nur ein Ausschnitt. Das Ganze zu zeigen – und damit die gesamte alleingültige Wahrheit – ist ein Ding der Unmöglichkeit. In *Le Joli Mai* wird das mit wundervoll poetischen und ganz und gar subjektiven Kommentaren aus dem Off unterstrichen, gesprochen von Yves Montand: „Paris lebt sein instinktives und ungeordnetes Leben. Wie eine fruchtbare Familienmutter mit großem Herzen, die aber ein bisschen verrückt ist. Paris hat mehr Schüler als Schulen, mehr Kranke als Krankenhäuser, mehr Kunstmaler als Kunstliebhaber, mehr Autos als Straßen." Dieser Kommentar begleitet Bilder von Verkehrschaos, Staus und von Fußgängern, die kreuz und quer zwischen den Autos die Straße überqueren. Montand fährt fort: „Unterteilt man diese Vielfalt in Gesichter, dann erhält man die Grundzelle: die Einsamkeit. Das Konzept Glück ist seit zwei Jahrhunderten neu in Europa."

Das Glück ist eines der großen Themen dieser Filme: Sowohl in *Chronique d'un été* als auch in *Le Joli Mai* geht es darum, was die Pariser glücklich und traurig macht. Immer wieder tauchen tiefgründige Themen auf: Der Algerienkrieg ist gerade zu Ende gegangen, Frankreich wacht aus einem Trauma auf. „Woran denken die Pariser in diesem ersten Monat des Friedens", fragt Yves Montand aus dem Off. In *Le Joli Mai* wird eine Geographie der Gedankenwelt entworfen, übertragen von großartigen Kamerafahrten durch alle Stadtviertel, lebendig gemacht durch die Protagonisten des Films, die ausführlich zu Wort kommen: reiche Bürgerstöchter im schicken Pariser Westen, Algerier, die in den Slums an der Peripherie der Stadt wohnen, Architekten vor modernen Sozialwohnungsbauten, Erfinder auf einer Technikmesse, Arbeiter, die in den Renault-Werken debattieren und streiken. Und Monsieur Catusse in der Rue Mouffetard. Seinen Auftritt leitet Montands Stimme so ein: „Wir haben uns noch nicht an die Idee des Glücks gewöhnt. [...] Mit der Arbeit kann man sich höchstens das Vergessen der Arbeit erkaufen. Das Nichts ist bevölkert durch Legenden, der Legende des Fernsehens und aller Art von Zerstreuung: Sie sind die Zombies des Glücks [...]."

In der Rue Mouffetard des Monsieur Catusse scheint es jedoch noch Platz für wirkliches Glück zu geben: Mit Leidenschaft erzählt der Mann mit den grauen Haaren und dem jungen Gesicht von seinem Viertel, das er liebevoll *la Mouffe* nennt, von der Lebensfreude der Bewohner, von der Sympathie und der Solidarität unter Nachbarn. Die Kamera filmt die Straße, die einfachen Marktstände mit Kisten voller Kartoffeln und Salatköpfen, das fröhliche Durcheinander von Marktschreiern und Kunden. Doch Catusse drohen Rausschmiss und Enteignung: „Ich will hier nicht weg", sagt der Mann mit dem jungenhaften Lächeln, „nicht für alles Gold der Welt." Doch die Bewohner des *Mouffe* kommen um die groß angelegte Sanierung nicht herum. Das Viertel ist jetzt immer noch sehr niedlich, aber eben schicker als damals, als die „Rüben billiger waren als am anderen Seine-Ufer", wie Yves Montand im Off kommentiert. Die Rüben, die heute hier angeboten werden, sind aus ökologischem Anbau und werden in adretten Bioläden verkauft, die von vornehmen Käsegeschäften und rustikal-eleganten Bäckereien flankiert sind.

In *la Mouffe* sind die Bars immer noch kuschelig-gemütlich, wenn auch piccobello renoviert. In Le Verre à Pied, 118 Rue Mouffetard hat Jean-Pierre Jeunet eine berührende Szene aus *Die fabelhafte Welt der Amélie* gedreht: Amélie ist es zuvor gelungen, den Besitzer der nostalgischen Spielzeugdose aufzutreiben, den inzwischen älteren Dominique Bretodeau, der sie als Junge versteckt hat. Und der ist so gerührt von dieser Begegnung mit seiner Kindheit, dass er sich in der charmanten Bar von seinen Emotionen erholen muss.

Nur ein paar hundert Meter entfernt ist die Nummer 45 Rue Poliveau – eine Adresse, die in die französische Filmgeschichte eingegangen ist. *Zwei Mann, ein Schwein und die Nacht von Paris*, der 1956 erschienene Klassiker von Claude Autant-Lara, spielt während der deutschen Besatzung. Marcel Martin (Bourvil) verdient sein Geld mit Transporten für den Schwarzmarkt. Weil sein Gehilfe verhaftet worden ist, heuert er Grandgil, einen Zufallsbekannten an. Doch wenn er nur geahnt hätte, dass Grandgil, wunderbar gespielt von Jean Gabin, ein Anarchist ist, der nur in das Abenteuer einsteigt, um die Feigheit seiner Zeitgenossen aufzudecken! Im Keller des Schwarzmarkthändlers Jambier (herrlich: Louis de Funès) schreit Grandgil immer lauter die geheime Adresse, an der sie sich befinden: 45 Rue Poliveau. Er will die Bezahlung für den Transport eines geschlachteten Schweins in die Höhe treiben. Und vor allem will er Jambier schwitzen sehen. Er schreit also nicht nur „45 Rue Poliveau!", sondern auch aus voller Kehle: „Jambier! Jambier!" Und erreicht so sein Ziel: Jambier wird es angst und bange. Er drückt Grandgil eine beträchtliche Summe in die Hand, damit sich die beiden, Grandgil und Martin, endlich mit den vier Koffern voller Schweinefleisch auf den Weg machen. Die beiden müssen durch ganz Paris, bis in die Rue Lepic auf dem Montmartre, dort wo Amélie Poulain ein halbes Jahrhundert später zärtlich ihre Hände in Fässer voller getrockneter Erbsen steckt. Doch für die beiden wird es eine nervenaufreibende Nacht, sie treffen auf französische Polizeistreifen und am Ende werden sie von der Gestapo verhaftet.

Heute befindet sich an der Adresse des Schwarzmarktkellers ein gemütliches Restaurant. Es heißt La Traversée de Paris (wie der Originaltitel des Films) – und ist lange Zeit Treffpunkt von Filmfans, die, wie ihre Helden mit Koffern ausgerüstet, zu nächtlichen Durchquerungen der Stadt aufbrechen und dabei laut rufen: „Jambier! Jambier!"

Das schwere Zugunglück im Oktober 1895 im alten Bahnhofsgebäude von Montparnasse kostet einer Frau das Leben

Außer Atem:
Kunst, Philosophie und Film
Montparnasse

Jean-Paul Belmondo rennt durch die Rue Campagne Première, bricht zusammen, fällt zu Boden. Zufällig kommt der Schauspieler Jean Le Poulain vorbei, ein Freund Belmondos. Er ruft: „Hey, alter Knabe, was machst du da?" Er hat die Kamera nicht gesehen. Belmondo antwortet: „Geh mal aus dem Weg, ich sterbe gerade." Und zwar in der letzten Szene von *Außer Atem* (Regie Jean-Luc Godard): Belmondo alias Kleingangster Michel Poiccard wird von einem Polizisten erschossen.

Das ist nur eine der unzähligen Anekdoten, die über den Dreh des Nouvelle-Vague-Films erzählt werden: So soll Regisseur Jean-Luc Godard auf Belmondos Frage, an welcher Stelle er genau zusammenbrechen solle, geantwortet haben: „Du fällst hin, wenn du genug vom Rennen hast." Längst ist diese Szene Kult geworden, wie überhaupt der ganze Film. Auch der kurze Wortwechsel dieser Szene ist legendär, da absurd und völlig untheatralisch. „C'est dégueulasse" („Das ist widerwärtig"), murmelt Michel, bevor er stirbt. Kurz zuvor hat ihn seine Freundin Patricia (Jean Seberg) an die Polizei verraten. Will sie ihn damit zur Flucht bewegen? Oder vielleicht will sie sich selbst daran hindern, zur Gangsterbraut zu werden? Sie sagt, sie habe sich selbst beweisen wollen, dass sie Michel nicht liebt.

Wenn er die Wahl zwischen dem Leiden und dem Nichts hätte, fragt sie Michel in einer früheren Szene, wie würde er sich dann entscheiden? Michel entscheidet sich für das Nichts, denn

Leiden ist ein Kompromiss. Alles oder nichts: Und so ist es auch logisch, dass er nicht ohne Patricia fliehen will. Sogar dann nicht, als er fast am Ende des Films noch eine Gelegenheit dazu bekommt: Sein Komplize taucht vor dem Haus auf, in dem sich Michel versteckt hält, und will ihn im Auto mitnehmen. Michel lehnt ab.

„C'est dégueulasse", murmelt also der zu Boden gefallene Gangster Michel und zieht zum letzten Mal Grimassen, das breite Grinsen, den Schmollmund, die er immer wieder vor dem Spiegel geübt hat. Patricia, die Amerikanerin, versteht nicht, was er sagt. Der Polizist, der Michel erschossen hat, erklärt: „Er hat gesagt, Sie seien wirklich dégueulasse." Doch Patricia weiß immer noch nicht, was „dégueulasse" bedeutet, sie blickt in die Kamera, streicht sich mit dem Daumen über die Unterlippe, imitiert dabei Michel, der seinerseits Humphrey Bogart imitiert hat, und fragt: „Was ist das: dégueulasse?" Aber wer oder was ist denn nun widerwärtig: Der Polizist, der den Gangster erschossen hat? Patricia, die ihren Freund verraten hat? Der Tod?

Es tun sich immer wieder Abgründe auf. Doch niemand fällt hinein: Da ist so eine Leichtigkeit, den ganzen Film über. Die Jazzklänge von Martial Solal, das Licht, Michels burleske Art, sich zu bewegen. Surrealistische Dialoge, die Parodie der Dramatik: Godard verweigert sich den bekannten Erzählstilen, Szenen wie Verfolgungsjagden und Schusswechsel haben bei ihm etwas Alltägliches, es ist fast absurd. Michel stirbt, aber statt erschüttert zusammenzubrechen, fragt Patricia: „Was bedeutet dégueulasse?" Der Filmzuschauer wird auf Distanz gehalten, die Sinnfrage ist omnipräsent. Die Nouvelle Vague ist auf den Spuren des Existenzialismus unterwegs, aber mit ihren absurden Gesten auch auf denen des Surrealismus, des Dadaismus.

Ich stehe vor der wunderschönen Stuckfassade des Atelierhauses, 31 Rue Campagne Première. Man Ray hat hier gewohnt, der Allroundkünstler und Experimentalfilmer der Zwanzigerjahre. Sein erstes filmisches Werk zeigt die Schamhaarrasur einer exzentrischen Dadakünstlerin. Daraufhin stellt Star-Dadaist Tristan Tzara ihn auf einem Ereignis als „prominenten amerikanischen Filmemacher" vor. An diesem besagtem Abend im Juli 1923 präsentiert Man Ray einen dreiminütigen schwarzweißen Stummfilm, *Le Retour à la Raison*, übersetzt „Rückkehr zur Vernunft": Zu sehen sind tanzende Nadeln, Salzkörner, Schriftfragmente, kreisende Papierrollen und Eierkartons und am Ende der sich drehende Torso seiner Muse Kiki de Montparnasse. Ein Riesenerfolg! Man Rays Studio in der Rue Campagne Première wird zur Anlaufstelle für Rat suchende Jungfilmer. 1926 steckt ein amerikanischer Börsenspekulant dem Künstler gar 10 000 Dollar zu, damit er einen Film drehe. Und Man Ray liefert ein Jahr später eine „visuelle Poesie" ab: Doch statt einer Handlung erwartet die Zuschauer eine experimentelle Reflexion über den gegenwärtigen Zustand des Kinos. Vielleicht nicht ganz das, was sein Auftraggeber erwartet hat. Aber es entspricht völlig dem Esprit des damaligen Montparnasse-Viertels. Ein Esprit, der lange nachwirkt.

Zu Man Rays Zeiten bevölkern Henri Matisse, Piet Mondrian, Salvador Dalí, James Joyce und Ernest Hemingway die Lokale am Boulevard du Montparnasse: die Brasserie La Closerie des Lilas, 171 Boulevard du Montparnasse, deren Zwanzigerjahre-Deko mit Mosaik und Art-Deco-Leuchten noch intakt ist und eine Zeitreise verspricht, die prächtigen Restaurants Le Select, 99 Boulevard du Montparnasse, La Coupole, 102 Boulevard du Montparnasse und Le Dôme, 108 Boulevard du Montparnasse.

Nach dem Zweiten Weltkrieg treten die Existenzialisten in die Fußstapfen dieser Künstler: Auch Simone de Beauvoir und Jean-Paul Sartre besuchen die legendären Art-Deco-Lokale des Boulevard Montparnasse. Zeitgleich entsteht im Kino Studio Parnasse, heute heißt es MK2 Parnasse, 11 Rue Jules Chaplain, ein legendärer Filmclub, zu dem sich all die Filmkritiker einfinden, die später die Nouvelle Vague gründen werden. Besonders hoch her geht es bei der wöchenlichen Dienstagabend-Debatte. Regisseur Paul Vecchiali erinnert sich in einem Interview in der Tageszeitung *Libération*: „Das Aha-Erlebnis war für mich das Studio Parnasse. Ein unglaublich lebendiger, festlicher und sehr witziger Ort, mit Spielen vor den Filmvorführungen, und Debatten danach. Der Saal war immer voll, und ich hatte dort wesentliche Begegnungen. Alle waren dort: Godard, Truffaut, Tavernier ..." Klar, dass die Nouvelle-Vague-Regisseure das Viertel auch in ihren Filmen verewigen.

Agnès Varda situiert große Teile ihres 1962 erschienenen Films *Cleo – Mittwoch zwischen 5 und 7* im Montparnasse-Viertel. Der Film erzählt zwei Stunden aus dem Leben der jungen Chanson-Sängerin Cléo (Corinne Marchand), die Angst hat, Krebs zu haben und sterben zu müssen. Sie erwartet die Ergebnisse medizinischer Analysen für sieben Uhr abends. Zu Beginn des Films ist es fünf Uhr nachmittags. Von Unruhe getrieben verlässt sie ihre Wohnung in der 6 Rue Huyghens, bleibt ein paar Minuten an der Kreuzung des Boulevard Montparnasse mit dem Boulevard Raspail stehen und schaut entsetzt einem Gaukler zu, der lebende Frösche verschluckt. In der Brasserie Le Dôme lauscht sie dem Geplauder der Cafégäste, am Boulevard Edgar Quinet betritt sie das Atelier eines Bildhauers. Dorothée, eine Freundin Cléos, arbeitet dort als Nacktmodell für einen Skulptur-Kurs. Und weiter geht's, in Dorothées Auto, vorbei am Bahnhof Montparnasse – es ist noch das inzwischen abgerissene alte Gebäude, wo Dorothée Filmrollen für ihren Freund abholt: Der ist Filmvorführer.

Anspielungen auf Filme sind typisch für die Nouvelle Vague, auch der Film im Film: Agnès Varda dreht eigens einen burlesken Kurzfilm, *Les fiancés du pont Mac Donald*, übersetzt „Die Verlobten der Macdonald-Brücke", den Cléo und Dorothée im Kino des Freundes, in der 16 Rue Delambre, von der Projektionistenkabine aus anschauen – mit den Nouvelle-Vague-Stars

Anna Karina und Jean-Luc Godard in den Hauptrollen. Beide Schauspieler haben übrigens aus Freundschaft bei Vardas Film mitgewirkt, auch das ist damals üblich. Der Stummfilm dauert nur drei Minuten, und doch fasst er Cléos Geschichte zusammen: Der Verlobte (Jean-Luc Godard) sieht alles schwarz. Kein Wunder: Er trägt eine dunkle Brille. Doch als der junge Mann endlich die Brille abnimmt, entdeckt er die weiße Lichtgestalt seiner Verlobten (Anna Karina).

Auch Cléo öffnet ihre Augen im doppelten Wortsinn: Sie lernt, das Leben um sich herum neu zu sehen. „Sie ist nicht länger eine Frau, die angestarrt wird. Sie wird zur Beobachterin", sagt die Regisseurin. Und so nimmt Cléo auch die Lichtblicke wahr, die das Leben zu bieten hat, die Poesie, die omnipräsent ist, ob in Brasserien, Parks – und natürlich im Film.

Womit wir wieder beim Filmpionier Georges Méliès sind. Der hatte in seinen alten Tagen den Glauben an den Film verloren. Im Film *Hugo Cabret* begegnen wir ihm im Montparnasse-Viertel, wo er seine letzten Lebensjahre als Spielzeugverkäufer an einem Stand im Bahnhof Montparnasse verbringt. Seine Filme sind in Vergessenheit geraten, doch der verwaiste Junge Hugo, der in einer Dachgeschosswohnung des Bahnhofs kampiert, begeistert sich für den legendären Film *Die Reise zum Mond*. Das gibt dem Greis den Glauben an Phantasie und Schaffenskraft zurück.

Regisseur Martin Scorsese hat in den Filmstudios von Pinewood bei London den alten Montparnasse-Bahnhof komplett nachbauen und im Zwanzigerjahre-Dekor wieder auferstehen lassen. Denn der alte Bahnhof ist in Paris schon lange verschwunden und einem modernen Sechzigerjahre-Gebäude gewichen. Im Film erlebt Hugo in einem Albtraum einen entsetzlichen Eisenbahnunfall. Den hat es tatsächlich gegeben: 1895 versagen bei einem Zug im Kopfbahnhof Montparnasse die Bremsen, er kommt nicht am Ende des Gleises zum Stehen, sondern überfährt den Bahnsteig und bricht durch die Wand des Bahnhofsgebäudes. Scorsese verwendet in seinem Film ein Miniatur-Modell des Bahnhofs, um den spektakulären Unfall, von dem es auch Fotos gibt, in Szene zu setzen: „Als ich für *Hugo Cabret* den Bahnhof Montparnasse nachgebaut habe und echte Dekors mit virtuellen kombiniert habe", schreibt Scorsese, „da habe ich mich auf diese Weise nicht nur Méliès' Œuvre angenähert, sondern auch dem Esprit, der schöpferischen Energie und der Besessenheit, in denen sein Werk wurzelt. Mich fasziniert vor allem Méliès' Vorstellungskraft. Ich denke, er wäre glücklich gewesen, digital zu arbeiten. Das ist eindeutig. Mit diesem Geist! Diesem Willen! Dieser unendlichen Kreativität! Stellen Sie sich nur vor, was er zustande gebracht hätte. Er hätte ein völlig neues Universum geschaffen!"

Und es war ihm wichtig, direkt in Paris zu drehen: „Ich hatte ein ganz besonderes Gefühl dabei, in der Stadt zu drehen, wo der Film erfunden worden ist. Es ist, als ob die Stadt ein Geheimnis hätte. Ich schwor mir, dieses Geheimnis zu enthüllen. Es war mehr als eine Hommage, es war eine Pilgerreise zu einem für mich heiligen Ort: in die Stadt des Films."

Doch was wäre der heilige Ort Paris ohne seine profanen Kneipen: La Cambuse hieß die Brasserie in 71 Boulevard du Montparnasse, die dem Vater des Regisseurs Claude Sautet gehörte. Heute ist dort das Restaurant Chez Bébert. Vielleicht entstand genau dort die Vorliebe des Regisseurs für Szenen in lauten verrauchten Kneipen, wie die vielen lärmigen Episoden in *Der ungeratene Sohn*, in denen Vater und Sohn unfähig sind, sich zu verständigen und zu verstehen. In *Vincent, François, Paul und die anderen* taucht Yves Montand als bankrotter Unternehmer Vincent in genau dieser Kneipe auf, mit zerzausten Haaren und Regenmantel unter dem Arm. Er verschwindet sofort in der Telefonkabine, versucht jemanden zu finden, der ihm Geld leihen könnte. 1974 war das. Das Büro-Hochhaus Tour Montparnasse, 33 Avenue du

Maine ist ein paar Monate zuvor, im Juni 1973 eingeweiht worden. Doch Claude Sautet scheint alles daran gesetzt zu haben, den von den Parisern ungeliebten Wolkenkratzer außen vor zu lassen. Er taucht in keinem einzigen Bild auf.

In einer anderen Brasserie des Montparnasse-Viertels versucht Unternehmer Vincent auch seine Ex-Frau Catherine (Stéphane Audran) zurückzuerobern. Er ist entwaffnend linkisch, beinahe zündet er sich gar die Zigarette am falschen Ende an. Catherine ist zwar von ihrem ungeschickten Ex-Mann gerührt, doch sie hat andere Pläne: Sie wird ein neues Leben im Ausland beginnen.

Sautet zeigt starke Frauen, die naiven Männern gegenübersitzen, Männern wie Vincent, deren Leben ins Wanken gerät. „Phallokraten" werden sie vom Regisseur genannt, und Journalistin Hélène Rochette beobachtet: „Er scheint Spaß daran zu haben, sie auf dem Bildschirm scheitern zu lassen. Das rührende Debakel des scheiternden Unternehmers zeugt von der Obsession des Regisseurs, die ersten Anzeichen des Niedergangs der männlichen Allmächtigkeit zu filmen."

Und so legt Sautet die Konturen einer ganzen Gesellschaft offen, die in den Siebzigerjahren Gestalt annimmt: mit starken emanzipierten Frauen, die ihr Leben in die Hand nehmen und sich alle Freiheiten erlauben. Das Interesse an starken Frauen soll Claude Sautet entwickelt haben, als er Romy Schneider kennenlernte, erklärt seine Frau Graziella Sautet: „Als er Romy begegnet ist, hat er verstanden, dass Frauen mutig und voller Leben sind. Sie hat ihm das Porträt einer Frau gezeichnet, das ihn sehr beeindruckt hat und das er danach in all seinen Filmen beibehalten hat."

Der Grand Arche de la Fraternité im Hochhausviertel La Défense

Die Sonne über den Neubauten
Les Olympiades und Chinatown, die Banlieues und die Stadt der Zukunft

Athen, Helsinki, Tokio, so heißen die Hochhaustürme im Stadtviertel Les Olympiades. Es sind alles Städte, die die Olympischen Spiele ausgetragen haben. Doch im Kontrast zu den verheißungsvollen Namen sind diese Türme mitten im Pariser Chinatown recht gleichförmig. Regisseur Jacques Audiard kann ihnen trotzdem eine gewisse Schönheit abgewinnen: die senkrechten Linien der in den Himmel strebenden Gebäude, die geschwungenen Dächer über den Geschäften im Erdgeschoss, die aussehen wie asiatische Pagoden … Audiards 2021 erschienener Schwarzweißfilm *Wo in Paris die Sonne aufgeht* ist beinahe ein bildnerisches Kunstwerk. In die geordneten Linien der Siebzigerjahre-Architektur fügen sich die verworrenen Beziehungen der Bewohner ein. Émilie (Lucie Zhang) fühlt sich als moderne junge Pariserin, muss aber mit den Forderungen der chinesischen Familie klarkommen. Camille (Makita Samba), der Intellektuelle, versucht seinen Frust als Französischlehrer durch ein intensives Sexualleben auszugleichen, mit mehr oder weniger Erfolg. Nora (Noémie Merlant) ist frisch aus der Provinz eingetroffen, also eigentlich aus Bordeaux, aber von Paris aus gesehen ist alles Provinz. Betont gut gelaunt bemüht sie sich, ihre Hochhauswohnung mit Wasserschaden und überhaupt alles hier in Paris wundervoll zu finden. Doch bald rutscht ihr Stimmungsbarometer unweigerlich in den Keller und sie sieht sich mit ihren ureigenen Problemen konfrontiert: mit einer verklemmten Sexualität, die mit ihrer

Familiengeschichte zusammenhängt, und mit Mobbing durch ihre Kommilitoninnen an der Pariser Universität, weil diese sie für das Camgirl „Amber Sweet" halten. Und dann kommt auch noch die echte Amber (Jehnny Beth) ins Spiel ...

In der glatten Geometrie dieser Architektur aus den Siebzigerjahren scheint zunächst kein Platz für Romantik, für komplexe Beziehungen zu sein. Französischlehrer Camille zieht als WG-Mitglied bei Émilie ein und wird noch am selben Tag ihr Sexfreund. Er schmeißt vorübergehend seinen Lehrerjob, um sich auf ein weiterführendes Diplom vorzubereiten, arbeitet aber aus Geldgründen in einer Immobilienagentur. Dort lernt er wiederum Nora kennen, die mittlerweile ihr Studium aufgegeben hat.

Die Wohnungsbesichtigungen nutzt Regisseur Audiard, um die architektonischen Linien des Viertels zu filmen. Und um Begegnungen herzustellen: witzig die Szene, in der Camille auf einen ehemaligen Schüler trifft. Der hat zwar sein Abi in der Tasche, verputzt jedoch Wände anstatt zu studieren. „Und was machen Sie hier?", fragt der Ex-Schüler seinen Ex-Lehrer. „Ich mache eine Pause im Immobiliengeschäft", antwortet der. „Ich auch", sagt der Schüler.

Camille verliebt sich in Nora, Nora schließlich in Amber. Und Émilie, deren Bemerkungen immer so knallhart sind wie Kung-Fu-Hiebe, gesteht sich schließlich ein, dass sie in Camille verliebt ist. So gelingt es Audiard am Ende, in die harte Graphik des Viertels sehr weiche und zarte Linien zu zeichnen.

Das sich um die Metrostation Olympiades erstreckende Stadtviertel sieht den Satellitenstädten der Banlieues zum Verwechseln ähnlich. *Mädchenbande* (2014) von Céline Sciamma sowie *Hass* (1995) von Mathieu Kassovitz spielen in diesen „Cités", den Sozialbau-Siedlungen der Banlieues. Plattenbauähnliche Wohnblocks, triste Kebabläden, Einkaufsgalerien aus Beton lassen die idyllischen Namen lächerlich wirken: Die Jungs in *Hass* wohnen in der

Cité des Muguets, übersetzt „Maiglöckchen-Siedlung". Ursprünglich ist es die Absicht der Architekten gewesen, dort im Grünen harmonische Wohninseln zu bauen. Die Realität sieht anders aus.

Und dennoch: Trotz Beton und trübseligem Dekor haben diese Orte ihre eigene Seele. Alle kennen sich, jeder weiß über jeden Bescheid, man ist sich nah. Das kann schön und gemütlich sein wie in einer großen Familie, aber auch beklemmend wie für die sechzehnjährige Marieme in *Mädchenbande*: Sie ist in Ismaël, den Freund ihres Bruders verliebt. Aber dieser kontrolliert mit eiserner Faust den Ruf der Familie. Als er von der Liebesbeziehung erfährt, schlägt er Marieme zusammen.

Auf den ersten Blick scheinen sich Pariser Hochhausviertel wie Les Olympiades und die Satellitenstädte kaum voneinander zu unterscheiden. Viele Vorortsiedlungen sind jedoch abgeschieden und mit öffentlichen Verkehrsmitteln schwer erreichbar. Von der Stadtmitte bis Chanteloup-les-Vignes, wo Mathieu Kassovitz seinen Film *Hass* ansiedelt, braucht man mit öffentlichen Verkehrsmitteln über eine Stunde. Niemand landet dort zufällig. Wenn in diesem Teil der Stadt ein Fremder erscheint, dann ist es, als dringe er in die Privatsphäre der Bewohner ein, als platze er in ein Familientreffen.

In *Hass* zeigt Mathieu Kassovitz das extrem ungeschickte Auftreten einer Fernsehjournalistin, die am Rand der Hochhaussiedlung auftaucht, um schnell ein paar klischeehafte Bilder zu bekommen. Sie steigt nicht mal aus ihrem Auto aus. Umgekehrt haben viele der Banlieue-Bewohner keine oder wenig Ahnung von Paris. Eiffelturm und Champs Élysées sind weit weg, man bleibt lieber in der Siedlung, wo man sich auskennt. In *Hass* landen die drei Jungs aus der Vorstadt zufällig auf einer schicken Vernissage in der Nähe des Gare Saint-Lazare. Sie kennen die dort üblichen Umgangsformen nicht und scheitern bei ihren ungeschickten Versuchen, junge Frauen anzubaggern. Die schicken Pariser Viertel bergen aber auch angenehme Überraschungen:

Saïd kommt gar nicht mehr aus dem Staunen heraus, als ein Polizist ihn mit ausgesuchter Höflichkeit behandelt und sogar siezt.

In *Ziemlich beste Freunde* sind die erbarmungslosen Banlieue-Manieren von Driss (Omar Sy) ein Trumpf. Der querschnittsgelähmte und steinreiche Geschäftsmann Philippe (François Cluzet) kann die salbungsvollen Krankenpfleger nicht mehr sehen, hat genug von Mitleid und Rücksichtnahme. Driss' respektlose und direkte Art ist für ihn erfrischend. Und so werden das Kid aus dem Beton-Sozialbau und der reiche Mann mit dem Stadtpalast im schönsten Viertel von Paris dann tatsächlich „ziemlich beste Freunde".

In den Banlieues gibt es jedoch nicht nur Hochhausviertel. Besonders im Westen von Paris kann man durch reiche Villenvororte spazieren, wie Neuilly-sur-Seine, wo in Claude Chabrols *Die untreue Frau* der Liebhaber von Hélène wohnt: in der 27 Rue du Bois de Boulogne. Und es gibt in den Vororten von Paris noch alte Dorf- oder Stadtkerne, alte Arbeiterwohnhäuser, ehemalige Fabriken und ganze Industriegelände – eine eigene Welt, die auf ihre Entdeckung wartet.

Die Vorstadt Montreuil wächst quasi aus Paris heraus: Sie liegt direkt am östlichen Pariser Stadtrand, jenseits der Porte de Montreuil. Vorbei am Flohmarkt Marché aux Puces de Montreuil und über die Rue de Paris spaziere ich zum Marché de la Croix de Chavaux, einem riesigem Gemüsemarkt. Ja, und ein paar Schritte weiter bin ich dann plötzlich wieder beim Zauberer Méliès! Hier in Montreuil, 9 Rue François Debergue, hatte Georges Méliès' Familie ein großes Anwesen. 1896 errichtet der Filmpionier hier sein Filmstudio, weltweit eines der ersten.

Ich bin mit Jean-Jacques Hocquard vor dem alternativen Kulturzentrum La Parole errante verabredet, übersetzt „Das irrende Wort". Er ist ein langjähriger Wegbegleiter des 2017 verstorbenen anarchistischen Filmemachers und Autors Armand

Gatti. Wo einst das erste Filmstudio zu finden gewesen ist, hat die Reifenfirma Michelin zunächst eine Werkhalle gebaut, die Gatti 1986 in eine alternative Kultur-, Schreib-, Theater- und Kinofabrik verwandelt. „Schauen Sie", Jean-Jacques zeigt auf eine Mauer, die den Eingangsraum des Kulturzentrums von der großen Halle trennt. „Diese Mauer stammt noch von Méliès' Studio!" Alles andere ist weg. Aber La Parole errante macht sich weiterhin stark für Avantgarde-Kunst, heute managt eine Gruppe junger Künstler den Kulturort.

„Wissen Sie, dass Armand Gatti einen Film über Méliès drehen wollte?", fragt Jean-Jacques Hocquard. Gatti will die Geschichte des Filmpioniers Georges Méliès in die Jetztzeit des multikulturellen Montreuils versetzen. *L'homme de Montreuil* soll der Film heißen, „der Mann von Montreuil". Darin machen sich Vertreter verschiedener Nationalitäten Méliès' Filme zu eigen und übertragen sie in ihre jeweilige Kultur. Leider ist es dazu nie gekommen: Der Film bleibt ein Projekt.

Ganz anders als im bunten Montreuil ist die Stimmung in der futuristisch-schicken Businessvorstadt La Défense im Westen von Paris. Hier beherrschen Geschäftsmänner mit Anzug und Krawatte das Bild. Aber auch Skater flitzen über den großen Platz im Schatten der Hochhäuser. In *Mädchenbande* tauchen Marieme, Lady, Fily und Adiatou hier auf, und Marieme macht bei einem Dance-Battle mit.

Auch Jason Bourne (Matt Damon) landet in *Die Bourne Identität* in diesem futuristischen Businessviertel. Seine Spurensuche zu seiner eigenen (vergessenen) Vergangenheit führt ihn zur Firma Alliance Securite Maritime, die in einem der Hochhäuser aus Glas und Stahl ihre Büros hat.

Diese Häuser beginnen aus dem Boden zu wachsen, als Jacques Tati 1964 mit den Dreharbeiten für *Tatis herrliche Zeiten* beginnt. Das glitzernde Businessviertel gibt es da längst noch nicht. Aber Tati muss wohl eine Vorahnung gehabt haben: Der Film spielt in einem Paris aus Glas und Stahl, in einer Stadt, die Tati eigens für diesen Film bauen lässt: Dieses „Tativille" oder die „Tatistadt" besteht aus zwei großen vierstöckigen und mehreren kleinen Gebäuden sowie einer Stromzentrale. *Tatis herrliche Zeiten* ist eine Satire auf die monotone Welt der Moderne, die kastenförmigen Bürotürme, die immergleichen Vorzeigewohnungen. Dennoch schimmert auch Bewunderung durch, befindet Filmhistoriker Vincent Pinel, und so wird der Film von Tati, vielleicht sogar „gegen seinen Willen", „zu einer entzückten Huldigung der Architektur der Zukunft".

Doch der Regisseur wird mit Katstrophen aller Art konfrontiert: Ein Sturm zerstört im Herbst 1964 sein „Tativille", im Juli 1965 setzen Wolkenbrüche das Set unter Wasser. Es ist, als hätte sich das ganze Universum gegen den Film verschworen. Schließlich dauern die Dreharbeiten über eineinhalb Jahre, der Schnitt noch einmal neun Monate. Tati dreht auf 70-mm-Filmen, ein teures Format, das normalerweise für große Shows verwendet wird. Doch hier dienen das aufwendige Material, die riesige Kulisse der künstlichen Stadt, das ganze gigantische Unterfangen einer minimalistischen Geschichte: Monsieur Hulot (Jacques Tati übernimmt die Hauptrolle selbst) ist auf der Suche nach einem Mann, mit dem er verabredet ist. Er begegnet dabei einer Gruppe amerikanischer Touristen, die Paris besichtigen. Doch die Monumente der Stadt entziehen sich dem Betrachter: Eiffelturm, Arc de Triomphe und Sacré-Coeur erscheinen jeweils nur für ein paar Sekunden als Spiegelung in einer hin- und herschwingenden Glastür und später auf einem Halstuch, das Hulot einer der Touristinnen schenkt.

Die Wohnungen sind durchsichtig, Familien sitzen hinter Schaufensterscheiben in ihren identischen Wohnzimmern. Monsieur Hulot ist verloren, er irrt durch endlose Gänge, über Rolltreppen, die nirgendwohin führen, durch das gläserne Labyrinth einer Messehalle. Dort werden technologische Errungenschaften ausgestellt: ästhetisch hochwertige Mülltonnen in Form griechischer Säulen, Besen mit eingebauten Minischeinwerfern, die einer Gruppe entzückt aufschreiender Messebesucherinnen vorgeführt werden. Türen, die man abrupt schließen kann, ohne dass sie Lärm machen. Doch als der Chef der Firma türenknallend seine Wut an einem Kunden äußert, erweist sich das Produkt als unbefriedigend.

Der Humor des Films ist minimalistisch und gerade deswegen großartig: Wir sehen, wie Monsieur Hulot auf einem quietschenden Kunstledersessel sitzt, aufsteht, sich wieder hinsetzt, wobei der Sessel stöhnt, atmet, ächzt, seufzt … Wir sehen seine Hochwasserhosen, seine Strümpfe mit den sich kreuzenden roten Streifen. Oder den Mann, der am Ende eines endlosen Ganges auf ihn zukommt, die Kamera filmt ihn frontal, er scheint nicht näherzukommen, während die Schritte laut hallen. Die Szene dauert ewig, und gerade darin liegt die Steigerung der Komik. Doch das Premierenpublikum sieht das anders: Als der Film im Dezember 1967 im großen Saal des inzwischen verschwundenen Kinos Empire uraufgeführt wird, reagiert es kühl. Nur seltene Lacher unterbrechen die Stille.

François Truffaut, der auch im Saal sitzt, bemerkt Tatis hohe Silhouette hinter der Scheibe der Vorführkabine. Die Einsamkeit des Regisseurs nach diesen endlosen und extrem schwierigen Dreharbeiten rührt ihn. Also schreibt er einen langen, schönen und tiefsinnigen Brief an Tati: „Ich war auf der Premiere im Empire und konnte Ihren Film nicht wie ein normaler Kinobesucher anschauen, weil ich Ihre Angst so sehr geteilt habe. Ich habe auf Reaktionen im Saal gelauscht und dabei Gags verpasst, die mir später meine Sitznachbarin erzählt hat, eine junge deutsche Modemacherin, die den Film wunderbar fand. *Playtime* [*Tatis herrliche Zeiten*] ist mit nichts vergleichbar, was es bis jetzt in der Filmgeschichte gibt. Ein Film von einem anderen Stern, wo man andere Filme dreht. [...] Was ich Ihnen sagen will: Ich freue mich auf all das Positive und Gute, was *Playtime* widerfahren wird, hier und dort, in London, New York, Berlin, Rom, Tokio ..." Doch die Anerkennung lässt auf sich waren. Der Film ist ein Flop – und Tati finanziell ruiniert. Erst ab den Achtzigerjahren beginnt Tatis extraterrestrisches Kunstwerk, sein „von melancholischer Herzlichkeit geprägtes Welttheater" laut Lexikon des Internationalen Films, als Kultfilm zu gelten.

War in Tatis *Mein Onkel* schon eine gewisse Modernismuskritik zu entdecken, so ist diese in *Tatis herrliche Zeiten* noch übertroffen worden: Tati will ein Paris zeigen, dass scheinbar nur noch aus Wolkenkratzern, aus Beton, Glas und Plastik besteht. Eine graue Stadt, durch die sich graue Menschen in maschinell vorgeschriebenen Bahnen bewegen. Die eigens für den Film konstruierte Stadt, sein „Tativille" einige Kilometer von Paris entfernt, wird übrigens von Jacques Lagrange entworfen. Kein anderer erstellt die ersten Entwürfe für La Défense, das Hochhausviertel von Paris und bis heute das größte Büroviertel Europas. Kurz, Tatis Vision wird recht fix von der Realität eingeholt.

Mit Jacques Tati wird der Regisseur Wes Anderson oft verglichen, vor allem bei seinem Streifen *The French Dispatch*, der im Oktober 2021 in die Kinos kommt. Der nur schwer einzuordnende Film spielt in einer fiktiven Stadt, die Paris sehr ähnelt: nicht ein Paris der Zukunft wie bei Tati, sondern die Stadt der Sechzigerjahre. Das Autokennzeichen „75" stimmt, auch das Stadtbild mit den typischen Metrostationen. Der rote Faden des Films ist die angesagte Zeitschrift *The French Dispatch*. Aus ihren Artikeln werden Filmepisoden: Die Gourmet-Story wird zur Verfolgungsjagd, weil der Sohn eines speisenden Kommissars entführt wird. Ein hipper Künstler, zugleich ein gewalttätiger Mörder, malt im Gefängnis: Die Gefängniswärterin (Léa Seydoux) ist zugleich sein Modell und später auch seine Geliebte. Der berühmte Mai '68 kommt vor, aber auch die Studentenrevolte im Quartier Latin ist nicht mehr das, was sie einmal war. Es wird vor allem geraucht und diskutiert: im Café Le Sans Blague, das so gelb ist wie die alten Wasserkaraffen, die früher mit dem Anislikör Ricard gereicht wurden.

Wes Anderson, der selbst in Paris lebt und den die französische Presse als den frankophilsten aller amerikanischen Filmemacher bezeichnet, zeigt eine Stadt, die so merkwürdig und unvorhersehbar ist, dass die grauen Vororte in *Hass*, in *Mädchenbande*, in *Wo in Paris die Sonne aufgeht* mit ihren bekannten Regeln dagegen fast etwas Tröstliches haben.

Das Gebäude der Cinémathèque française, entworfen von Frank Gehry

Bewegte Geschichte und aufregende Zukunft
Ein Besuch der Cinémathèque française

Ich stehe vor der Cinémathèque française, 51 Rue de Bercy. Das größte Kinomuseum der Welt ist in einem atemberaubenden Bauwerk des Stararchitekten Frank Gehry untergebracht: die Gebäudeblöcke scheinen ineinanderzukippen, an einer anderen Stelle aus dem Hauptblock hinauszuwuchern. Ein aufregendes Gebäude für eine bewegte Geschichte. Kein Land, ausgenommen die USA, macht so viel für den Film wie Frankreich. Vielleicht, weil der Film hier geboren ist? Weil es Fanatiker gab und gibt, die ihr Leben dem Kino geopfert haben, wie der Cinémathèque-Gründer Henri Langlois? Die „Kinder der Cinémathèque", jene Filmkritiker und späteren Regisseure der Nouvelle Vague, sind in seine Fußstapfen getreten. Sie sitzen mehr im Kino als in der eigenen Wohnstube. Henri Langlois habe ihnen den Zugang zur Filmgeschichte ermöglicht, sagt Nouvelle-Vague-Star Jean-Luc Godard: „Wir hatten keine Vergangenheit, und er schenkte uns diese Vergangenheit."

Politiker und Filmemacher, Produzenten und Aktivisten haben von jeher um den französischen Film gekämpft. Zum Beispiel kurz nach dem Zweiten Weltkrieg. Während der deutschen Besatzung sind amerikanische und englische Filme im besetzten Frankreich verboten. Nach dem Ende des Krieges überflutet die reiche US-Produktion den französischen Markt in einem Ausmaß, dass die französische Filmindustrie protektionistische Maßnahmen fordert. Der spätere Premierminister Léon Blum reist nach Washington und verhandelt mit dem US-Außenminister James Byrnes ein Abkommen, das als die Blum-Byrnes-Verträge in die Geschichte eingeht.

Doch dieses Abkommen fällt am Ende nicht so aus, wie viele Franzosen es sich erhofft haben: Die Amerikaner willigen zwar ein, den Wiederaufbau der französischen Filmindustrie finanziell zu unterstützen, legen aber im Gegenzug Importquoten für US-Filme fest. Die Präsenz wird in der Folge immer massiver: 92 US-Filme im Jahr 1946, zwei Jahre später sind es schon doppelt so viele. Der Anteil des französischen Films sinkt dagegen in Frankreich auf unter 30 Prozent der Jahresaufführungen. Die französische Filmindustrie ist entsetzt – und geht auf die Barrikaden, organisiert Demos und Petitionen. Mit Erfolg! Die Verträge werden zuerst korrigiert, dann 1952 neu ausgehandelt. Der Zugang amerikanischer Filme zum französischen Markt wird erschwert.

1959 wird eine weitere wichtige Maßnahme für die Filmqualität à la française beschlossen. Der damalige Kulturminister André Malraux erkennt den Programmkinos, den sogenannten *salles d'art et d'essai* („Kunst- und Experimentierkinos"), einen Sonderstatus zu und gewährt ihnen finanzielle Unterstützung. Und er führt die *avance sur recettes* ein, einen Vorschuss auf spätere Einnahmen, mit dem Ziel, gute Filme zu fördern. Die Kommission, die diesen Vorschuss genehmigt, besteht aus Filmregisseuren und Produzenten, und sie legt vor allem Wert auf Qualität. Gute Ideen sollen so den Weg zur Leinwand finden, auch wenn die finanzielle Ausgangsbasis fehlt. Schluss mit der finanziell verursachten Zensur ist die Devise. Die französische Filmförderung durch die Filminstitution CNC (Centre National du Cinéma) wird zum Beispiel für die europäischen Nachbarn.

Frankreich ist nach den USA der zweitgrößte Filmexporteur weltweit, die französische Kinoindustrie ist die stärkste Europas.

Film ist in Frankreich die „siebte Kunst" und wird entsprechend geschützt: 1993 macht Frankreich bei den Verhandlungen über den Abbau von Handelsschranken klar, dass kulturelle Erzeugnisse eben keine x-beliebigen Handelsgüter sind. Schlagwort für diese protektionistische Kulturpolitik ist das Prinzip der *exception culturelle*, der „kulturellen Ausnahme".

Ich stelle mich an den Tresen des Restaurants der Cinémathèque. Es heißt Les 400 Coups, wie der erste Langfilm von François Truffaut, auf Deutsch *Sie küßten und sie schlugen ihn*. Schnell trinke ich meinen Kaffee, denn gleich beginnt im großen Vorführsaal eine Pressekonferenz für die Ausstellung *Cinémode*: Kostüme und Mode im Kino, konzipiert und inszeniert von niemand geringerem als dem Star-Modedesigner Jean Paul Gaultier.

Der Saal *Henri Langlois*, benannt nach dem Gründer der Cinémathèque, ist brechend voll. Vorn auf der Bühne sitzt Jean Paul Gaultier und lacht wie ein Spitzbub, während der Direktor der Cinémathèque, Frédéric Bonnaud, von Langlois erzählt. Henri Langlois ist der erste, der auf die Idee gekommen ist, nicht nur die Filme selbst zu konservieren, sondern auch alles, was mit Film zu tun hat, darunter die Kostüme. Er bittet systematisch jede Filmschauspielerin, die ihren Besuch in der Cinémathèque ankündigt, um eines der Kleider, die sie bei ihren letzten Dreharbeiten getragen hat. Die Cinémathèque besitzt Kostüme von Romy Schneider, Tellerröcke von Brigitte Bardot, Abendkleider von Marilyn Monroe und Audrey Hepburn, einen Smoking von James Bond und das Outfit von Superman.

Gaultier erzählt, wie er in der Ausstellung Leben in die alten Kleider gebracht hat: Die Schuhe von Romy Schneider hat er nicht einfach nebeneinander aufgestellt, sondern einen davon umgeworfen, als habe Romy ihn gerade erst abgestreift.

Romy Schneider wird übrigens die nächste große Ausstellung gewidmet sein: Vierzig Jahre nach ihrem Tod am 29. Mai 1982 ist sie in Frankreich so beliebt wie eh und je. Ihre Entwicklung von der naiven jugendlichen Kaiserin Sissi bis zur modernen Frau soll nachvollziehbar gemacht werden. Mehr noch: bis zur modernen Französin, die sie durch und durch gewesen ist – trotz ihres Akzents, den sie nie ganz verloren hat.

Ich schlendere durch die Ausstellung *Cinémode*, schaue mir Romys Schuhe an, die Supermankostüme und die Rüstung der Jeanne d'Arc. Ein paar Stockwerke tiefer liegt das im Mai 2021 eröffnete *Musée Méliès*: eine Dauerausstellung über den Filmpionier Georges Méliès. Und wieder ist es Henri Langlois gewesen, der einen Großteil von Méliès' Produktion gerettet hat. Er trägt dessen Filme, die in alle Winde zerstreut sind, zusammen sowie alles, was mit der Enstehung des Films zu tun hat. Im *Musée Méliès* gibt es magische Laternen zu sehen, alle Arten von Apparaten, die Bilder in Bewegung bringen. Und auch der Kinematograph der Lumière-Brüder, den Méliès so gern gekauft hätte, ist im Museum zu bewundern.

Ich setze mich gemütlich auf eine Bank und sehe mir die ersten Filme der Weltgeschichte an: Die Lumière-Brüder dokumentieren den Abriss einer Mauer. Dann läuft der Film rückwärts und unter energischen Hieben setzt sich die Mauer auf fast magische Weise wieder zusammen. Ich kann mir gut vorstellen, was für eine Faszination so ein Film vor über einhundert Jahren ausgelöst haben muss! Nun laufen Streifen von Méliès: die ersten gefilmten Zaubertricks. Hinter einem flatternden Stoff lässt er eine schöne Frau verschwinden, dann anderswo wieder auftauchen. Méliès' Kopf geistert körperlos durchs Bild, liegt auf einem Tisch, lacht und plappert. Méliès taucht als Ganzes auf, und reißt sich mit eleganter Geste den eigenen Kopf ab, immer mehr Méliès-Köpfe erscheinen überall. Ich kann geradezu den Spaß spüren, den der Zauberkünstler dabei hatte!

Ein ganzer Museumssaal ist der *Reise zum Mond* gewidmet. Auf eine große Leinwand projiziert, entwickelt der Film seine ganze Wirkung. Der Mond kommt näher und näher, bekommt ein Gesicht: wie eine Sahnetorte mit Mund und Augen. Er zieht eine Grimasse, als die Rakete mitten in seinem Auge landet.

Méliès' Einfälle inspirieren Weltraumfilme bis heute. Hier in der Ausstellung fliegen Raketen durch Sternenhimmel, es sind die Raketen aus *2001: Odyssee im Weltraum* von Stanley Kubrick, aus *Krieg der Sterne* von George Lucas, aus *Ad Astra – Zu den Sternen* von James Gray.

Als ich die Cinémathèque verlasse, taucht die untergehende Sonne Paris in beinahe rotes Licht. In Gedanken bin ich weit weg. Ich schaue mich um: Die Straßen hier heißen Rue Paul Belmondo, Rue Jean Renoir ... Ich schlendere durch den Parc de Bercy und über das Kopfsteinpflaster des Bercy Village: Die ehemaligen Weinlagerhallen vom Anfang des 19. Jahrhunderts sind mittlerweile Läden und Restaurants. Rustikale Gemäuer mit elegantem Innenleben – von nachhaltigem Spielzeug bis zur vegetarischen Kost gibt es hier alles. Am Ende der Gasse wird das „Village", das „Dorf", plötzlich sehr modern: Hier leuchtet die Fassade eines der großen Pariser Multiplex-Kinos, das UGC Ciné Cité Bercy, 2 Cour Saint-Emilion. Menschen warten vor dem Eingang auf den Beginn ihres Films. Sie haben die Wahl zwischen Horrorfilm, Musical, Krimi, Romanze, Drama, Science-Fiction, Komödie ... Zwei Musiker, wahrscheinlich von den umliegenden Restaurants engagiert, spielen auf ihren Instrumenten, versunken in Édith Piafs *Je ne regrette rien*. Ein Teil der Wartenden und der vorbeilaufenden Spaziergänger zücken die Mobiltelefone und filmen das Geschehen. So schnell ist ein Moment gespeichert für alle Zeit. Wenn das Méliès sehen könnte!

Die besten Paris-Filme.
Eine sehr persönliche Auswahl

Hôtel du Nord von Marcel Carné (1938)
Ich kann mich nicht daran satthören, wenn Arletty ihre Tirade loslässt: „Atmosphère! Atmosphére! Est-ce que j'ai une gueule d'atmosphère?" „Atmosphäre! Atmosphäre! Sehe ich etwa aus wie 'ne Atmosphäre?" Eigentlich sind Madame Raymonde (Arletty) und Monsieur Edmond (Louis Jouvet) von Regisseur Marcel Carné nur als Nebenfiguren entworfen worden. Im Mittelpunkt des Films sollte ursprünglich das junge Liebespaar stehen, das sich im Hôtel du Nord einmietet, um Selbstmord zu begehen. Aber Arletty und Louis Jouvet sind einfach so klasse, dass sie allen anderen die Show stehlen. Zugleich ist es ein Film über dieses Hotel mit all seinen Bewohnern: wie sie miteinander tafeln, flirten und streiten.

Außer Atem (À bout de souffle) von Jean-Luc Godard (1960)
Der Kultfilm der Nouvelle Vague bietet herrliche Streifzüge über die Champs-Élysées, die Viertel von Saint-Germain, das nächtliche Montparnasse ... Zu Jazzklängen von Martial Solal gleiten die Lichter der Stadt vorbei. Die Hauptdarsteller Jean Seberg und Jean-Paul Belmondo sind unverbraucht und frisch, ihre Dialoge schräg bis absurd. Patricia spricht von Literatur, Michel von Sex: „William Faulkner, hast du mit dem geschlafen?" Später wird Michel tiefsinnig und sagt treffend: „Wir haben geredet und geredet, ich von mir und du von dir ... Vielleicht hätte ich von dir und du von mir sprechen müssen ..."

Tatis herrliche Zeiten (Playtime) von Jacques Tati (1967)
Tatis Gags sind minimalistisch, aber unvergesslich. Der quietschende, ächzende, stöhnende Kunstledersessel im gläsernen Kongresszentrum. Die Technologiemesse mit ihren absurden Errungenschaften, wie dem Besen mit eingebauten Scheinwerfern oder der Tür, die beim Zuknallen keinen Lärm macht, so wütend man auch ist. Das neu eröffnete topmoderne Jazzrestaurant Royal Garden, dessen niegelnagelneue Einrichtung kläglich auseinanderbricht. Am Ende sitzen die betrunkenen Gäste in den Trümmern und grölen nostalgische Paris-Lieder. Wunderbar.

Unter dem Regenbogen – Ein Frühjahr in Paris (Au bout du conte)
von Agnès Jaoui (2013)

Ich liebe den Stil von Agnès Jaoui und Jean-Pierre Bacri, dem „intellektuellen Traumpaar des französischen Kinos", wie Kinokritiker die beiden nennen. Bacri spielt darin einmal mehr die Rolle, in der er glänzt: einen verdrossenen, aber dennoch rührenden einsamen Kerl namens Pierre, der das Publikum trotz allem zum Lachen bringt. Ausgerechnet Pierre, dieser nüchterne Typ, der an nichts glaubt, macht sich wegen einer Wahrsagerin verrückt, die ihm einen nahen Tod voraussagt. Als Fahrlehrer ist er so mit seinen Sorgen beschäftigt, dass er die chaotischen Fahrmanöver der Schülerin (Marianne, gespielt von Agnès Jaoui) allesamt absegnet, selbst als sie quer auf der Straße parkt.

Als Vater taugt er auch nicht viel. Normalerweise hat er große Schwierigkeiten, zu kommunizieren, vor allem mit ihm Nahestehenden, auch mit seinem inzwischen erwachsenen Sohn. Bei einem Versuch, da etwas nachzuholen, beklagt sich Bacri: „Du rufst mich ja auch nur an, um Geld von mir zu erbitten." Die zutiefst aufrichtige Antwort des übrigens gar nicht geldgierigen Sohnes: „Was soll ich denn sonst von dir erbitten?"

Pierre ist also ein schlechter Vater, ein schlechter Fahrlehrer, ein schlechter Ehemann (natürlich ist er längst geschieden): Trotz allem, man muss ihn einfach liebhaben. Den ganzen Film muss man einfach liebhaben! Menschlich, tiefsinnig und zugleich witzig.

Wo in Paris die Sonne aufgeht (Les Olympiades)
von Jacques Audiard (2021)

Émilie (Lucie Zhang) hat einen Abschluss von einer Elite-Universität und arbeitet in einem Callcenter, Camille (Makita Samba) ist Französischlehrer, macht aber eine Pause im Immobiliensektor, und Nora (Noémie Merlant) kommt aus Bordeaux nach Paris, um mit Anfang Dreißig nochmal zu studieren – aber auch das klappt nicht wie geplant. Alle drei haben aufwühlende und wechselnde Beziehungen zueinander, sind mal Liebhaber, mal Freunde, mal herrscht auch einfach kühle Funkstille. Und dieses toll erzählte Geflecht aus Beziehungen fügt sich ein in die glatten geometrischen Linien des Neubauviertels Les Olympiades im Pariser Chinatown.

Die schönsten Kinos

Max Linder Panorama im Viertel der Grands Boulevards
Starkomiker Max Linder eröffnete diesen Filmpalast 1914. Der Saal hat einen Supersound, eine Panoramaleinwand und ein sehr sympathisches Team. 24 Boulevard Poissonière

Filmpalast Le Grand Rex, Grands Boulevards
Es ist der letzte jener grandiosen Pariser Filmpaläste aus den Dreißigerjahren. Le Grand Rex hat einen „atmosphärischen Saal", man sitzt dort unter dem Sternenhimmel in einer orientalischen Nacht. Allerdings ist man nicht allein, der Saal hat Platz für 2 700 Zuschauer. Hollywoodstars feiern in diesem herrlichen Kino ihre Vorpremieren. An jedem Sonntag führt der begeisterte Kinokenner Franck Vernin durch die Kulissen.
1 Boulevard Poissonnière

MK2 Quai de Seine/Quai de Loire am Bassin de la Villette
Mein Lieblings-Doppelkino: Die bunten Lichter der beiden Filmpaläste dies- und jenseits des Bassin de la Vilette spiegeln sich im Wasser und eine Barke bringt die Kinobesucher von einem Ufer zum anderen.
14 Quai de la Seine und 7 Quai de la Loire

Ein ägyptischer Tempel mit Dachterrasse: Le Louxor im Barbès-Viertel
Wunderschön ist dieses in den Zwanzigerjahren erbaute Kino im Stil eines ägyptischen Tempels, mit Ornamenten, Säulen und einer herrlichen Dachterrasse mit Snack- und Getränkeverkauf. Von oben blickt man auf die Eisenbrücke der Metrostation Barbès – Rochechouart.
170 Boulevard de Magenta

Art-Deco-Programmkino Chaplin Saint Lambert im Wohnviertel des 15. Arrondissements
Ein ausgesuchtes Programm und der netteste Filmvorführer weit und breit. Das Art-Deco-Kino Chaplin Saint Lambert liegt in einer kleinen Straße in einem Wohnviertel. Die Besucher landen hier nicht zufällig, sondern weil sie an einer spannenden Debatte, einem avantgardistischen Filmclub teilnehmen wollen. 6 Rue Peclet

Literatur zum Weiterlesen

Mit *Paris au cinéma: La vie rêvée de la capitale de Méliès à Amélie Poulain* (Parigramme, 2003) haben die Filmhistoriker N. T. Binh und Franck Garbarz ein liebevoll bebildertes Werk geschaffen, das zugleich unterhaltsam und tiefgreifend ist. Wie der Titel („Das geträumte Leben der Hauptstadt von Méliès bis zu Amélie Poulain") verrät, erzählen die Autoren von der Rolle der Lichterstadt Paris im Film – von den Anfängen der Kinogeschichte bis zur Gegenwart. Das gelingt auch den Filmwissenschaftlern und Regisseuren Jean Douchet und Gilles Nadeau mit *Paris Cinéma: Une Ville vue par le Cinéma, de 1895 à nos jours* (Editions du May, 1987), übersetzt: „Paris und Kino: Eine Stadt vom Film aus betrachtet, von 1895 bis heute". Interviews mit Filmemachern und Akteuren des Filmgeschehens runden das Buch ab.

Für Fans von Romy Schneider, aber auch von Yves Montand, Michel Piccoli und dem Filmregisseur Claude Sautet bietet *Le Paris de Claude Sautet: Romy, Michel, Yves et les autres ...* von Hélène Rochette (Parigramme, 2020) einen wunderbaren Einblick in das Pariser Leben und Schaffen von Claude Sautet, der die Stadt Paris und ihre Kneipen, Brasserien und Restaurants wie kein anderer filmte. Sautet hatte eine sehr enge Beziehung zu Romy Schneider und über lange Strecken ist sie der Star des Buches. Auch hier illustrieren stimmungsvolle Fotos von Filmszenen und berührende Porträts der Schauspieler die Erzählung, darunter unzählige Bilder von Romy Schneider.

Wer mit langen französischen Texten hadert, der hat sicher Freude an *Paris. 100 films de légende* von Philippe Lombard (Parigramme, 2018). Auf dem Titelbild laufen Jean Seberg und Jean-Paul Belmondo als Patricia und Michel beschwingt die Champs-Elysées hinunter: eine Kultszene aus dem Nouvelle-Vague-Film *Außer Atem*. Mit großformatigen Fotos von einhundert berühmten Szenen geht es weiter: vom Liebespaar auf der Eisenbrücke in *Hôtel du Nord* bis zu James Bond, der auf schwindelerregender Verfolgungsjagd den Eiffelturm erklimmt.

Mehrere gründlich recherchierte und lebhaft erzählte Bücher führen in die Filmgeschichte Frankreichs ein: Vincent Pinel liefert in *Cinéma Français* (Cahiers du Cinéma, 2006) ein prachtvolles Panorama von der Geburtsstunde des Films in Paris bis hin zu neuesten Entwicklungen.

Und wer sich für die Nouvelle Vague interessiert, dem sei *Nouvelle Vague* (herausgegeben von der Cinémathèque française und dem Kunstbuch-Verlag Hazan, 1998) von Jean Douchet ans Herz gelegt. Das Buch ist gespickt mit Fotos von legendären Filmszenen und Dokumenten, darunter das Telegramm von Stanley Kubrick während der Langlois-Affäre.

Editorische Notizen

Die Schreibweisen von Filmen und Serien sowie von Straßen, Plätzen, Institutionen etc. können im Französischen variieren, so auch auf den Straßenschildern vor Ort. Gewählt wurde jeweils die standardisierte Form, die in gängigen Nachschlagewerken und Karten zu finden ist.

Die Autorin

Christine Siebert (geb. 1966) lebt in Paris und arbeitet als freie Journalistin u.a. beim SWR, HR und bei Deutschlandfunk Kultur. Bereits als Abiturientin hat sie den Scheffelpreis der Literarischen Gesellschaft Karlsruhe erhalten, in Paris studierte sie Literatur und Sprachen sowie in Essen Literaturvermittlung und Medienpraxis. Sie verfasst Filmkritiken, entwickelt Radio-Reportagen und -Features über Kultur und Gesellschaft in Frankreich und Südamerika und hat bereits mehrere Bücher, darunter Reiseführer für MairDumont, veröffentlicht. Sie erforschte für Zeitschriften das Pariser Nachtleben oder hat für die deutsche Redaktion von Radio France Internationale (RFI) Debatten über den deutsch-französischen Literaturaustausch moderiert.

Seit Kurzem ist sie zudem Absolventin der Filmschule ESRA, wo sie zur Filmregisseurin ausgebildet wurde; ihre nächsten Projekte sind ein Dokumentarfilm über chilenische Feministinnen und über den Überlebenskampf der Bauern in Kolumbien.

Personenregister

Acabo, Denise 128f.
Adjani, Isabelle 55, 110, 152
Akerman, Chantal 118f.
Allen, Woody 11, 52, 61, 68, 84, 133f., 180
Anderson, Wes 200f.
Anémone 48f.
Aragon, Louis 179
Ardant, Fanny 174
Arletty 99, 102
Artaud, Antonin 178
Assayas, Olivier 53
Astaire, Fred 172
Astier, Alexandre 161
Attal, Yvan 109
Audiard, Jacques 52, 108, 193f.
Audiard, Michel 60
Audran, Stéphane 144, 163, 191
Auffay, Patrick 137
Autant-Lara, Claude 182
Auteuil, Daniel 59, 61, 109
Azuelos, Lisa 160

Bacri, Jean-Pierre 116
Balasko, Josiane 48
Bardot, Brigitte 29, 205
Barrault, Jean-Louis 76
Baye, Nathalie 55
Bazin, André 79, 151
Bechet, Sidney 77
Becker, Jacques 118
Bekhti, Leïla 53
Bellucci, Monica 111
Belmondo, Jean-Paul 27, 76, 78, 152, 154-156, 185
Béné, Thierry 149f., 152-155
Berecz, Véronique 27-29
Bergman, Ingmar 87
Bernard, Ludovic 66

Berri, Claude 153
Berry, Jules 102
Besnehard, Dominique 152f.
Besson, Luc 109f.
Beth, Jehnny 194
Bialestowski, Camille 115-119, 121f., 136
Binh, N. T. 44, 173
Binoche, Juliette 55-57, 119f.
Blanc, Michel 48f.
Blier, Bertrand 48
Blum, Léon 204
Bogart, Humphrey 156, 186
Bonitzer, Pascal 53
Bonnaire, Sandrine 137
Bonnaud, Frédéric 205
Borzage, Frank 70
Boudigou, Hervé 95
Bouquet, Carole 27
Bouquet, Michel 144, 163
Bourboulon, Martin 171
Bourvil 182
Bouteille, Romain 48
Bramsen, Christian 47
Breton, André 179
Brown, Dan 66
Buñuel, Luis 139, 178-180
Buscemi, Steve 107
Byrnes, James 204

Canet, Guillaume 117
Cantet, Laurent 122
Carax, Leos 57
Carné, Marcel 79, 100f., 150
Caron, Leslie 9, 61
Cassel, Vincent 39, 111
Chabassol, Marion 161
Chabrol, Claude 60, 78f., 86f., 89, 116, 144, 155, 161-164, 196

214

Chaplin, Charlie 27, 32, 36, 79, 87, 164-166
Chazel, Marie-Anne 49
Clair, René 169
Clavier, Christian 48
Clément, René 65
Clooney, George 27
Cluzet, François 80, 177, 196
Coen, Ethan 107
Coen, Joel 107
Collin, Philippe 143, 170
Collins, Phil 132
Coluche 48
Cornillat, Claudine 33f.
Corsini, Catherine 145
Cossart, Ernest 70
Costa-Gavras 166
Cotillard, Marion 61, 70f., 133
Crenna, Richard 143
Cruz, Penélope 27

Dairou, Margot 134
Dalle, Béatrice 152
Dalí, Salvador 179f., 187
Damon, Matt 197
Danglard, Henri 132
Davis, Miles 77, 156
De Beauvoir, Simone 77, 187
De France, Cécile 55
De Funès, Louis 27, 50f.
De Gaulle, Charles 65, 144
De Miller, Henri 40
De Montalembert, Thibault 56, 152
De Ruhere, Nasser 166
De Toulouse-Lautrec, Henri 12, 133f.
Degas, Edgar 12, 133
Delannoy, Jean 60
Delon, Alain 78, 136, 143
Delpy, Julie 91f.
Demongeot, Catherine 112
Deneuve, Catherine 94, 143, 152f.

Depardieu, Gérard 27, 48, 61, 137, 152
Dewaere, Patrick 48
DiCaprio, Leonardo 171
Dieterle, William 58
Dietrich, Marlene 70, 141, 146, 153
Donen, Stanley 42, 61, 67, 107, 128, 157, 172
Douchet, Jean 75, 154f.
Douglas, Melvyn 172
Dufresne, David 145f.
Dujardin, Jean 55
Dulac, Germaine 178f.
Dunne, J. W. 111
Dupontel, Albert 111
Duris, Romain 28, 41, 120, 171

Edwards, Blake 173
Eiffel, Gustave 171ff.
Ellington, Duke 28, 77

Faithfull, Marianne 47
Faujas, Frédéric 122
Foch, Nina 127
Fröbe, Gert 65

Gabin, Jean 27, 60, 131f., 183
Gallienne, Guillaume 69
Garbo, Greta 172
Gatti, Armand 11, 197
Gauguin, Paul 12, 133
Gaultier, Jean Paul 24, 205
Gaumont, Léon 139
Gehry, Frank 203
Gélin, Hugo 66
Gély, Cyril 64
Gérard, Olivier 143
Girardot, Hippolyte 173
Giraudeau, Bernard 49
Giraudoux, Jean 174
Glen, John 170
Godard, Jean-Luc 9, 28, 76, 77f., 86f., 154f., 157, 185f., 188f., 203

Goldberg, Adam 92
Gomez, Michel 51f.
Gondry, Michel 28, 40
Grant, Cary 61, 67f., 107, 157
Gray, James 207
Grüber, Klaus Michael 57
Guitry, Sacha 88
Gutman, Pierre-Simon 75-81, 85f., 88
Guy-Blaché, Alice 58, 119

Haïk, Jacques 36
Handke, Peter 12
Hanks, Tom 66
Hardwicke, Cedric 58
Haussmann, Georges-Eugène 80
Hemingway, Ernest 85, 187
Hepburn, Audrey 42, 61, 67f., 107, 128, 157, 172, 205
Hitchcock, Alfred 67, 87
Hocquard, Jean-Jacques 196f.
Howard, Ron 66
Hugo, Victor 23, 58
Huppert, Isabelle 48, 55f.

Jade, Claude 88
Jaoui, Agnès 116
Jeunet, Jean-Pierre 9, 30, 125, 182
Jolie, Angelina 27
Jones, Grace 170
Jordana, Camélia 109
Jouvet, Louis 99
Joyce, James 187
Jugnot, Gérard 48f.

Kahn, Cédric 53
Karamoh, Lindsay 39
Karina, Anna 189
Kassovitz, Mathieu 39, 127, 173, 194f.
Kelly, Gene 9, 61, 127
Kidman, Nicole 132f., 136

Kiener, Axel 161
Klapisch, Cédric 52, 69f., 120f., 128, 160
Koundé, Hubert 39
Kubrick, Stanley 87, 207
Kurosawa, Akira 87

Lachenay, Robert 138
Lagrange, Jacques 200
Lambert, Christopher 109
Landru, Henri Désiré 164
Lang, Fritz 90
Langlois, Henri 86-88, 203, 205f.
Laughton, Charles 58
Laurent, Mélanie 120, 128, 177
Lavant, Denis 57
Le Breton, Nadège 94
Le Poulain, Jean 185
Léaud, Jean-Pierre 85, 88, 137f.
Leconte, Patrice 49, 59
Lefèvre, René 102
Lehongre-Richard, Karine 105f., 108f., 112
Lelouch, Claude 129
Lemmon, Jack 41
Leroux, Gaston 17
Lespert, Jalil 69
Leterrier, Louis 66
Lhermitte, Thierry 48
Lhomme, Pierre 180
Liman, Doug 160
Linder, Maud 32f.
Linder, Max 30-33
Liotard, Thérèse 50
Lubitsch, Ernst 141, 172
Lucas, George 19, 24, 207
Luchini, Fabrice 55, 69, 121, 160, 173, 177
Luhrmann, Baz 132, 134, 136
Lumière, Antoine 11, 15, 18f.
Lumière, Auguste 10, 12, 15-17, 28, 37, 206

Lumière, Louis 10, 12, 15-17, 28, 37, 206
Luter, Claude 77

Mackey, Emma 171
MacLaine, Shirley 41
Madonna 36, 132
Malle, Louis 65, 112, 142f., 156f., 170
Malraux, André 87, 92, 204
Man Ray 187
Marceau, Sophie 93, 137, 152f., 161
Marchal, Olivier 60
Marchand, Corinne 188
Marker, Chris 22, 85, 91, 144, 174, 180
Mastroianni, Marcello 153
Mathieu, Mireille 129
Matisse, Henri 187
McAdams, Rachel 68
McConnell, Elias 47
McGregor, Ewan 132
Méliès, Georges 11, 12, 15f., 18-25, 28, 37, 81, 115, 119, 189f., 196f., 206f.
Melville, Jean-Pierre 65, 136, 143
Merlant, Noémie 193
Meyer, Arthur 29
Michou 129
Minnelli, Vincente 127
Miou-Miou 48
Moati, Félix 161
Mondrian, Piet 187
Monet, Claude 68
Monroe, Marilyn 27, 205
Montand, Yves 10, 76, 91, 95, 116-118, 152, 181f., 190
Montel, Grégory 55
Moore, Roger 170
Moreau, Jeanne 156
Morel, Pierre 159
Morin, Edgar 180
Morin, François-Emile 83

Morrison, Jim 115

Nadeau, Gilles 154f.
Niney, Pierre 69
Noé, Gaspar 111
Noiret, Philippe 112, 170
Nolan, Christopher 24, 171

O'Hara, Maureen 58
Oestermann, Grégoire 177
Ophüls, Max 116
Oury, Gérard 50

Pacino, Alfredo 27
Page, Elliot 171
Papillon, Emmanuel 151
Parker, Charlie 77
Parlo, Dita 97
Pathé, Charles 24
Pehau-Sorensen, Jean-Luc 131f.
Pei, Ieoh Ming 66
Pépin, Aude 94
Perret, Gilles 72
Perrier, Mireille 173
Pétin, Claude 84
Pétin, Jerôme 84
Pétin, Laurent 84
Philipe, Gérard 78
Piaf, Édith 70f., 121, 207
Pialat, Maurice 137
Piano, Renzo 21
Picasso, Pablo 71
Piccoli, Michel 31, 95, 153
Pill, Alison 61
Pinel, Vincent 28, 179, 198
Pinoteau, Claude 93
Poiré, Jean-Marie 48
Pollet, Jean-Daniel 41
Prévert, Jacques Proust, Marcel 76, 94

Queneau, Raymond 76

Reggiani, Serge 118, 121
Renaud 48
Renaud, Madeleine 76
Reno, Jean 55
Renoir, Jean 59f., 79, 87, 97, 101, 131, 136, 142, 150
Resnais, Alain 65, 86, 91
Rihanna 39
Rimoux, Alain 55
Rivette, Jacques 79, 87
Rochant, Éric 173
Rochefort, Jean 153
Rochette, Hélène 95, 191
Rodin, Auguste 84
Rodrigues, José 34, 37
Rohmer, Éric 79, 141f.
Ronet, Maurice 156, 163
Rossellini, Roberto 87
Roth, Tim 36
Rouch, Jean 180
Ruffin, François Rufus 72
Russell, Kurt 36

Said, Marcela 66
Saint Laurent, Yves 69
Salles, Walter 110
Samba, Makita 193
Sarde, Alain 153
Sarde, Philippe 153
Sartre, Jean-Paul 12, 29, 77f., 94, 187
Sautet, Claude 95, 153, 190f.
Schlöndorff, Volker 63-65, 71
Schneider, Romy 30f., 83f., 95, 152f., 191, 205
Schumacher, Joel 16, 112
Sciamma, Céline 39, 194
Scorsese, Martin 12, 19, 84, 93, 189f.
Seberg, Jean 76, 154f., 185
Seydoux, Léa 200
Sheen, Michael 68
Sidney, Fanny 55, 152
Signoret, Simone 76, 116-118, 121

Simenon, Georges 60
Simon, Michel 59, 97
Singh, Ranveer 27
Smith, Patty 36
Solal, Martial 9, 76, 154, 186
Streep, Meryl 129
Sy, Omar 27, 66, 80, 178, 196
Sylla, Assa 39

Taghmaoui, Saïd 39
Tarantino, Quentin 34, 36, 55, 89
Tati, Jacques 173, 197f., 199f.
Tautou, Audrey 28, 30, 41, 66, 125, 127f., 153
Tavernier, Bertrand 87, 188
Théret, Christa 160f.
Thomas, Daniela 110
Thomas, Gabriel 19
Touré, Karidja 39
Touré, Mariétou 39
Truffaut, François 76, 78f., 85-90, 99, 137f., 152, 155, 174, 188, 199, 205
Tzara, Tristan 187

Ulliel, Gaspard 47

Van Sant, Gus 47
Varda, Agnès 188f.
Vecchiali, Paul 188
Vernin, Franck 35f.
Vian, Boris 28
Vigo, Jean 90, 95, 97, 99, 100, 102
Villeneuve, Denis 33

Webber, Andrew Loyd 16
Welles, Orson 65, 87
Wenders, Wim 123
Wilder, Billy 41f.
Wilson, Lambert 27
Wilson, Owen 61

Zhang, Lucie 193

Film- und Serienregister

Akerman, Chantal: *Eine Couch in New York (Un divan à New York)*, 1996 *119*
Allen, Woody: *Midnight in Paris*, 2011 *11, 52, 61, 68, 71, 85, 93, 95, 133, 180*
Anderson, Wes: *The French Dispatch*, 2021 *200*
Attal, Yvan: *Die brillante Mademoiselle Neïla (Le Brio)*, 2017 *109*
Audiard, Jacques: *Wo in Paris die Sonne aufgeht (Les Olympiades)*, 2021
   52, 108, 193, 201
Autant-Lara, Claude: *Zwei Mann, ein Schwein und die Nacht von Paris (La
   Traversée de Paris)*, 1956 *182*
Azuelos, Lisa: *LOL (Laughing Out Loud)*, 2008 *160f.*

Bacri, Jean-Pierre; Jaoui, Agnès:
   Lust auf Anderes (Le Goût des autres), 2000 *116*
   Unter dem Regenbogen – Ein Frühjahr in Paris (Au bout du conte), 2013 *116*
Becker, Jacques: *Goldhelm (Casque d'or)*, 1952 *117f., 121*
Besson, Luc:
   Subway, 1985 *109*
   Im Rausch der Tiefe (Le Grand Bleu), 1988 *35*
Bird, Brad; Pinkava, Jan: *Ratatouille*, 2007 *42, 112*
Blier, Bertrand: *Die Ausgebufften (Les Valseuses)*, 1974 *48*
Borzage, Frank: *Perlen zum Glück (Desire)*, 1936 *70*
Bourboulon, Martin: *Eiffel in Love (Eiffel)*, 2021 *171*
Buñuel, Luis:
   Ein andalusischer Hund, 1929 *178*
   Das goldene Zeitalter (L'Âge d'or), 1930 *139*

Canet, Guillaume: *Kein Sterbenswort (Ne le dis à personne)*, 2006 *117*
Cantet, Laurent: *Die Klasse (Entre les murs)*, 2008 *122f.*
Carax, Leos: *Die Liebenden von Pont-Neuf (Les Amants du Pont Neuf)*, 1991 *57f.*
Carné, Marcel:
   Ein sonderbarer Fall (Drôle de dame), 1937 *150*
   Hôtel du Nord, 1938 *99f., 102*
Chabrol, Claude:
   Die Enttäuschten (Le beau serge), 1958 *162*
   Der Frauenmörder von Paris (Landru), 1962 *164*
   La Muette (in *Paris vu par…*), 1965 *162*
   Die untreue Frau (La femme infidèle), 1969 *144, 162, 196*
   Die Hölle (L'enfer), 1994 *89*
   Das Leben ist ein Spiel (Rien ne va plus), 1997 *89*
   Chabrols süßes Gift (Merci pour le chocolat), 2000 *89*
Chaplin, Charlie: *Monsieur Verdoux – Der Frauenmörder von Paris (Monsieur
   Verdoux)*, 1947 *164f.*
Clair, René:
   Paris qui dort, 1925 *169*
   La Tour, 1928 *169*

Clément, René: *Brennt Paris? (Pairs brûle-t-il?)*, 1966 65
Coen, Ethan; Coen, Joel: *Tuileries* (in *Paris, je t'aime*), 2006 107
Corsini, Catherine: *La Fracture*, 2021 145

Dahan, Olivier: *La vie en rose (La Môme)*, 2007 70f., 121
Delannoy, Jean: *Kommissar Maigret stellt eine Falle (Maigret trend un piège)*, 1958 60
Delpy, Julie: *2 Tage Paris (2 Days in Paris)*, 2007 91f.
Dieterle, William: *Der Glöckner von Notre-Dame (The Hunchback of Notre Dame)*, 1939 58
Donen, Stanley:
  Ein süßer Fratz (Funny Face), 1957 128, 172
  Charade, 1963 42, 61, 67f., 107, 157
Douchet, Jean: *Saint Germain des Prés* (in *Paris vu par …*), 1965 75, 81
Dufresne, David: *Un pays qui se tient sage*, 2020 145f., 149
Dulac, Germaine: *Die Muschel und der Kleriker (La Cochqille et le Clergyman)*, 1928 178f.

Edwards, Blake: *Das große Rennen rund um die Welt (The Great Race)*, 1965 173

Fukunaga, Cary Joji: *James Bond 007 – Keine Zeit zu sterben (No Time to Die)*, 2021 37

Geronimi, Clyde; Jackson, Wilfred; Luske, Hamilton: *Peter Pan*, 1953 153
Glen, John: *James Bond 007 – Im Angesicht des Todes (A View to a Kill)*, 1985 170
Godard, Jean-Luc: *Außer Atem (À bout de souffle)*, 1960 9, 76, 154f., 157, 185
Gondry, Michel: *Der Schaum der Tage (L'écume des jours)*, 2013 28, 40
Gray, James: *Ad Astra – Zu den Sternen (Ad Astra)*, 2019 207
Guitry, Sacha: *Roman eines Schwindlers (Mémoires d'un tricheur)*, 1936 88
Guy-Blaché, Alice:
  La Fée aux Choux, 1896 119
  La Esmeralda, 1905 58

Hemmings, David: *Schöner Gigolo, armer Gigolo*, 1978 153
Herrero, Fanny: *Call My Agent! (Dix pour cent)*, 2015 55, 152f.
Herry-Leclerc, Angèle; Mora, Pierre-Yves: *Art of Crime (L'Art du crime)*, 2017 134
Hitchcock, Alfred:
  Vertigo – Aus dem Reich der Toten (Vertigo), 1958 67
  Psycho, 1960 67
Howard, Ron: *The Da Vinci Code – Sakrileg (The Da Vinci Code)*, 2006 66

Jeunet, Jean-Pierre:
  Die fabelhafte Welt der Amélie (Le Fabuleux Destin d'Amélie Poulain), 2000 21, 59, 106, 125, 128, 139, 182
  Mathilde – Eine große Liebe (Un long dimanche de fiançailles), 2004 30

Kassovitz, Mathieu: *Hass (La Haine)*, 1995 39, 173, 194f., 201
Klapisch, Cédric:
  Kleine Fische, große Fische (Riens du tout), 1992 69, 160
  So ist Paris (Paris), 2008 120, 128, 173, 177

Kubrick, Stanley: *2001: Odyssee im Weltraum (2001: A Space Odyssey)*, 1968 *207*

Leconte, Patrice:
Die Strandflitzer (Les Bronzés), 1978 *49*
Sonne, Sex und Schneegestöber (Les Bronzés font du ski), 1979 *49*
Viens chez moi, j'habite chez une copine, 1981 *49*
Die Frau auf der Brücke (La fille sur le pont), 1999 *59*

Lelouch, Claude: *Ein glückliches Jahr (La bonne année)*, 1973 *129*

Lespert, Jalil: *Yves Saint Laurent*, 2014 *69*

Liman, Doug: *Die Bourne Identität (The Bourne Identity)*, 2002 *160, 197*

Linder, Maud:
In Gesellschaft Max Linders (En compagnie de Max Linder), 1963 *33*
Der Mann mit dem Seidenhut (L'homme au chapeau de soie), 1983 *33*

Lubitsch, Ernst:
Engel (Angel), 1937 *141, 146*
Ninotschka, 1939 *172*

Lucas, George: *Krieg der Sterne (Star Wars)*, 1977 *24, 207*

Luhrmann, Baz: *Moulin Rouge* (2001) *132, 134*

Lumière, Auguste; Lumière, Louis:
Die Ankunft eines Zuges auf dem Bahnhof in La Ciotat (L'Arrivée d'un train en gare de La Ciotat), 1895 *10, 15, 18*
Der Zug (Le Train), 1895 *18*
Das Meer (La Mer), 1895 *18*
Schichtwechsel in der Lumière-Fabrik in Lyon (La Sortie de l'usine Lumière à Lyon), 1895 *18*
Der Platz des Cordeliers in Lyon (La Place des Cordeliers à Lyon), 1895 *18*

Malle, Louis:
Fahrstuhl zum Schafott (L'Ascenseur pour l'échafaud), 1958 *156*
Zazie (Zazie dans le métro), 1960 *65, 112, 142f., 156, 170*

Man Ray: *Le Retour à la Raison*, 1923 *187*

Marchal, Olivier: *36 tödliche Rivalen (36 Quai des Orfèvres)*, 2004 *60*

Marker, Chris:
Le Joli Mai, 1963 *10, 22, 144, 174, 180f.*
Rot ist die blaue Luft (Le fond de l'air est rouge), 1977 *85, 91*

Méliès, Georges: *Die Reise zum Mond (Le Voyage dans la Lune)*, 1902 *24, 189*

Melville, Jean-Pierre: *Der Chef (Un flic)*, 1972 *136, 143*

Minnelli, Vincente: *Ein Amerikaner in Paris (An American in Paris)*, 1951 *21, 61, 127*

Morel, Pierre: *96 Hours (Taken)*, 2008 *159*

Nakache, Olivier; Toledano, Éric: *Ziemlich beste Freunde (Intouchables)*, 2011 *27, 80, 177, 196*

Noé, Gaspar: *Irreversibel (Irréversible)*, 2002 *111*

Nolan, Christopher:
Inception, 2010 *171*
Interstellar, 2014 *24*

Oury, Gérard: *Die Abenteuer des Rabbi Jacob (Les Aventures de Rabbi Jacob)*, 1973 *50*

Parlo, Dita; Renoir, Jean: *Die große Illusion (La grande illusion)*,1937 *97*
Pépin, Aude: *À la vie*, 2021 *94*
Pialat, Maurice: *Der Bulle von Paris (Police)*, 1985 *137*
Pinoteau, Claude: *La Boum – Die Fete (La Boum)*, 1980 *65, 93, 137, 161*
Poiré, Jean-Marie: *Da graust sich ja der Weihnachtsmann (Le Père Noël est une ordure)*, 1982 *48*

Reitherman, Wolfgang: *Aristocats (The Aristocats)*, 1970 *165*
Renoir, Jean:
   Boudu – aus den Wassern gerettet (Boudu sauvé des eaux), 1932 *59*
   Das Verbrechen des Herrn Lange (Le Crime de Monsieur Lange), 1936 *101, 142*
   Die Spielregel (La règle du jeu), 1939 *150*
   French Can Can (French Cancan), 1955 *27, 131, 136*
Resnais, Alain: *Der Krieg ist vorbei (La guerre est finie)*, 1966 *91*
Robson, Mark: *Schmutziger Lorbeer (The Harder They Fall)*, 1956 *156*
Rochant, Eric: *Eine Welt ohne Mitleid (Un monde sans pitié)*, 1989 *173*
Rohmer, Éric: *Place de l'Étoile* (in *Paris vu par …*), 1965 *141*
Rouch, Jean, Morin, Edgar: *Chronique d'un été*, 1961 *10, 180f.*
Rouffio, Jacques: *Die Spaziergängerin von Sans-Souci (La Passante du Sans-Souci)*, 1982 *30*
Ruffin, François:
   Merci Patron!, 2015 *72*
   J'veux du soleil, 2019 *72*
Ruffin, François, Perret, Gilles: *Debout les femmes!*, 2021 *72*

Said, Marcela; Bernard, Ludovic; Gélin, Hugo; Leterrier, Louis: *Lupin*, 2021 *27, 66, 178*
Salles, Walter; Thomas, Daniela: *Loin du 16e* (in *Paris, je t'aime*), 2006 *110*
Sautet, Claude:
   Der ungeratene Sohn (Un mauvais fils), 1980 *190*
   Vincent, François, Paul und die anderen (Vincent, François, Paul … et les autres), 1974 *190*
   Das Mädchen und der Kommissar (Max et les ferrailleurs), 1971 *95*
Schlöndorff, Volker: *Diplomatie*, 2014 *63, 71*
Schumacher, Joel: *Das Phantom der Oper (The Phantom of the Opera)*, 2004 *16, 112*
Sciamma, Céline: *Mädchenbande (Bande de filles)*, 2014 *39, 194f., 197*
Scorsese, Martin: *Hugo Cabret (Hugo)*, 2011 *12, 19, 84, 93, 189f.*
Sharpsteen, Ben: *Dumbo*, 1941 *35*

Tarantino, Quentin:
   Pulp Fiction, 1994 *89*
   Kill Bill, 2003 *89*
   Inglourious Basterds, 2009 *89*

Django Unchained, 2012   *89*
Once Upon a Time in Hollywood, 2019   *34*
Tati, Jacques:
Mein Onkel (Mon Oncle), 1958   *200*
Tatis herrliche Zeiten (Playtime), 1967   *173, 197-200*
Trousdale, Gary; Wise, Kirk: *Der Glöckner von Notre Dame (The Hunchback of Notre Dame)*, 1996   *58*
Truffaut, François:
Sie küßten und sie schlugen ihn (Les Quatre Cents Coups), 1959   *90, 137-139, 174*
Geraubte Küsse (Baisers volés), 1968   *88*
Zwei Mädchen aus Wales und die Liebe zum Kontinent (Les Deux Anglaises et le Continent), 1971   *85*
Die amerikanische Nacht (La nuit américaine), 1972   *88*
Auf Liebe und Tod (Vivement dimanche!), 1983   *174*

Unbekannt: *La Toilette de la Tour Eiffel*, 1924   *169*

Varda, Agnès: *Cleo – Mittwoch zwischen 5 und 7 (Cléo de 5 à 7)*, 1962   *188*
Vigo, Jean: *Atalante (L'Atalante)*, 1934   *95, 97, 99*
Villeneuve, Denis: *Dune*, 2021   *33, 34*

Wilder, Billy: *Das Mädchen Irma la Douce (Irma la Douce)*, 1963   *41f., 44*

Bildnachweise

S. 8: © akg-images / Paul Almasy • S. 14 © gemeinfrei • S. 26 © Unsplash • S. 38 © gemeinfrei • S. 46 © Aschaf / Andrea Schaffer / Wikimedia Commons / CC BY 2.0 / schwarz-weiß • S. 54 © akg-images / Album / Rko • S. 62 © ullstein bild – United Archives / PictureLux / E • S. 74 © Yannick Bellon / akg-images • S. 82 © akg-images / picture alliance • S. 96 © akg-images / Album • S. 104 © Pixabay • S. 114 © Pierre-Yves Beaudouin / Wikimedia Commons / CC BY-SA 3.0 / schwarz-weiß • S. 124 © akg-images / Paul Almasy • S. 130 © akg-images / Album / 20th Century Fox / Ellen Von Unwerth • S. 140 © ullstein-bild • S. 148 © Jacques Boissay / akg-images • S. 158 © ullstein bild – Roger Viollet / Alain Adler • S. 168 © ullstein bild • S. 176 © mauritius images / Steve Tulley / Alamy / Alamy Stock Photos • S. 184 © gemeinfrei • S. 192 © akg-images / Schütze / Rodemann • S. 202 © mauritius images / Arcaid Images / Alamy / Alamy Stock Photos

Impressum

Bibliografische Information der Deutschen Nationalbibliothek:
Die Deutsche Nationalbibliothek verzeichnet diese Publikation in der Deutschen Nationalbibliografie; detaillierte bibliografische Daten sind im Internet über http://dnb.dnb.de abrufbar.

Die Verwertung der Texte und Bilder, auch auszugsweise, ist ohne Zustimmung der Rechteinhaber urheberrechtswidrig und strafbar. Dies gilt auch für Vervielfältigungen, Übersetzungen, Mikroverfilmungen und für die Verarbeitung in elektronischen Systemen.

ISBN 978-3-89487-838-2
© 2022 by Henschel Verlag
in der E.A. Seemann Henschel GmbH & Co. KG, Leipzig
Layout und Satz: flamboyant
Umschlaggestaltung: Franziska Neubert, Leipzig
Lektorat: Sabine Melchert, Sina Scholz
Druck und Bindung: Balto print
Printed in the EU

www.henschel-verlag.de

Außerdem bei Henschel:
Willem Bruls
Venedig und die Oper
Auf den Spuren von Vivaldi, Verdi und Wagner
ISBN 978-3-89487-818-4

Die Spaziergänge nach den Kapiteln

Méliès' Zauberwelt und die Geburt des Kinos.
Das Opernviertel: Galerien und Passagen (S. 15)
  Boulevard des Capucines – Opéra Garnier – Grand Café Capucines –
  Théâtre Robert-Houdin – Passage des Princes – Passage des Panoramas –
  Rue Vivienne – Galerie Vivienne

Der Tag und die Nacht. Les Grands Boulevards – Pariser Kinogeschichte (S. 27)
  Musée Grévin – Le Bouillon Chartier – Max Linder Panorama –
  Le Grand Rex – Rex Studios

Bunt, sinnlich, multikulti. Das Hallenviertel (S. 39)
  Forum des Halles – Église Saint-Eustache – Rue Saint-Denis –
  Bourse de Commerce – UGC Ciné Cité Les Halles –
  Bibliothèque du cinéma François Truffaut – Forum des images

Falsche Rabbis und Gangster-Weihnachtsmänner.
Falafel-Bällchen im Quartier Marais (S. 47)
  Rue des Archives – Rue des Rosiers – Mission cinéma –
  Jardin des Archives nationales – Rue Vieille du Temple – Rue de Bretagne

Selbstmord und Liebe. Das Viertel um Notre-Dame und Pont Neuf (S. 55)
  Rue Saint-Honoré – Pont Neuf – Île de la Cité – Notre-Dame de Paris –
  Quai des Orfèvres

Paris kann nicht zerstört werden. Ein Museum unter freiem Himmel (S. 63)
  Le Meurice – Louvre – Palais Royal – Jardin des Tuileries –
  Rue du Faubourg Saint-Honoré – Boulevard Haussmann – Place Vendôme –
  Place de la Concorde – Église de la Madeleine – Assemblée Nationale

Eine Amerikanerin in Paris. Die Nouvelle Vague und die Jazzclubs
von Saint-Germain-des-Prés (S. 75)
  Institut de France – Rue de Seine – Rue Dauphine – Boulevard Saint-Germain –
  Rue Saint Benoît – Rue du Vieux Colombier – Rue Sébastian-Bottin –
  Académie Julian – École nationale supérieure des beaux-arts de Paris

Museen und Musen, Rodin und Romy.
Zwischen Saint-Germain-des-Prés und Quartier Latin (S. 83)
  Rue Barbet de Jouy – Étoile Pagode – Musée d'Orsay – Musée Rodin –
  Jardin du Luxembourg – Université Sorbonne – Le Champo –
  Rue Champollion – Rue Gay-Lussac – Rue Cujas – Panthéon –
  Saint-Étienne-du-Mont – Lycée Henri IV – Bibliothèque Sainte-Geneviève –
  Cinéma du Panthéon – Librairie du Cinéma du Panthéon

Die Verheißungen der Stadt vom Wasser aus. Am Canal Saint-Martin (S. 97)
  Canal Saint-Martin – Écluse des Récollets – Hôtel du Nord – Rue Bichat –
  Bassin de la Villette – Parc de la Villette

Im Pariser Untergrund. Die falsche und die echte Metro (S. 105)
  Metrostation Porte des Lilas